汽车租赁概论

交通运输部道路运输司 编

内 容 提 要

本书主要介绍了汽车租赁的基本概念、汽车租赁业的基本发展情况、汽车租赁经营和管理等方面的知识，既包括汽车租赁的基本理论知识，又包括汽车租赁经营与管理的实践案例，附录中还收集了汽车租赁行业的相关政策、通知、地方管理规定或办法、服务标准、租赁合同示范文本等。

本书可供各地交通运输主管部门和汽车租赁行业、企业的管理者学习使用，也可为科研人员提供参考。

图书在版编目(CIP)数据

汽车租赁概论 / 交通运输部道路运输司编
—北京：人民交通出版社，2012.3
ISBN 978-7-114-09676-1

Ⅰ.①汽… Ⅱ.①交… Ⅲ.①汽车管理—概论 Ⅳ.① F540.5

中国版本图书馆 CIP 数据核字 (2012) 第 036219 号

Qiche Zulin Gailun
书　　名：汽车租赁概论
著 作 者：交通运输部道路运输司
责任编辑：顾熵鲁　黄景宇　王金霞
出版发行：人民交通出版社
地　　址：（100011）北京市朝阳区安定门外外馆斜街3号
网　　址：http://www.ccpress.com.cn
销售电话：（010）85285969、85285966
总 经 销：北京金飞图书发行中心
经　　销：各地新华书店
印　　刷：中国电影出版社印刷厂
开　　本：720×960　1/16
印　　张：14.5
字　　数：195千
版　　次：2012年3月　第1版
印　　次：2013年11月　第2次印刷
书　　号：ISBN 978-7-114-09676-1
印　　数：3001-5000册
定　　价：58.00元
（有印刷、装订质量问题的图书由本社负责调换）

序

汽车租赁业起源于美国，至今已有上百年的发展历史。1989年，我国第一家汽车租赁公司在北京成立。经过20多年的探索与实践，我国汽车租赁业已步入快速发展阶段。截至2011年年底，我国已有汽车租赁公司5000多家，租赁汽车超过10万辆。

汽车租赁业的健康发展，对带动汽车产业、旅游业、金融保险业发展具有重要作用，是促进消费、拉动内需的重要方式，能够提高人民群众的生活质量。虽然我国汽车租赁业发展起步较晚，但随着我国经济社会快速发展，人民生活水平显著提高，驾驶技能广泛普及，社会公众生活方式和消费习惯逐步改变，汽车租赁需求日益旺盛，市场前景十分广阔，汽车租赁业已进入难得的发展机遇期。

2008年大部门体制改革后，交通运输部负责指导汽车租赁业管理工作。面对汽车租赁业快速发展的新形势、新任务和新要求，各级交通运输主管部门和道路运输管理机构深刻认识汽车租赁业发展的重要性，认真借鉴国外先进经验，积极履行管理职责，加快建立法规体系，完善政策措施，推动汽车租赁业网络化、规模化、品牌化发展。

汽车租赁业在我国还是一个新兴行业，目前大家对发展汽车租赁业的认识还不完全统一，先进经验还要学习借鉴，业务知识仍需不断深化。为普及汽车租赁业知识，帮助交通运输主管部门履行好汽车租赁管理职责，引导汽车租赁企业规范经营、优质服务，推进汽车租赁业健康发展，交通运输部道路运输司组织部公路科学研究院等单位编写了《汽车租赁概论》一书。该书系统阐述了汽车租赁业的概念和特点，回顾了国内外汽车租赁业的发展历程，分析了汽车租赁业与相关行业的关系，展望了汽车租赁业的发展趋势，详细论述了汽车租赁业的经营模式、业务流程、信息化技术等内容。相信本书的出版发行，对各级交通运输主管部门加强汽车租赁业管理，规范汽车租赁企业经营行为，提升汽车租赁服务水平，促进汽车租赁业健康发展将起到重要作用。

交通运输部副部长 冯正霖

二〇一二年三月六日

主　　任：李　刚

副 主 任：周　伟　徐亚华

委　　员：张元方　魏士彬　常华民　陆正耀　李健秋

主　　编：李　刚

副 主 编：虞明远

主要成员：刘美银　王　浩　张　贝　祝　昭　吕安琪
吴印龙　郭谨一　解晓玲　李燕霞　姚军红
王颙平　常庆宪　张一兵　张　艳　崔　睿
施　喆　程国华　佘雪峰　宋　阳

目录

第一章　汽车租赁概述

汽车租赁是一种新型交通运输服务业态，是满足人民群众个性化出行、商务活动需求和保障重大社会活动的重要交通运输服务形式，是综合运输体系的重要组成部分。随着我国经济社会的快速发展，人民生活水平显著提高，驾驶技能广泛普及，社会公众生活方式和消费习惯逐步改变，汽车租赁需求日益旺盛，市场前景十分广阔，汽车租赁业已进入难得的发展机遇期。

同时，汽车租赁业是租赁业的分支，是以汽车为租赁物提供租赁服务的行业。汽车租赁业既有租赁业的特征，又有交通运输服务业的特点。本章主要介绍汽车租赁的概念、分类、特点以及汽车租赁业在综合运输体系和经济社会发展中所处的地位和作用等内容。

第一节　汽车租赁的概念、分类和特点

一、汽车租赁的概念

汽车租赁是指汽车租赁经营者将汽车交给承租人使用，并收取租车费用的经营活动。通常，汽车租赁经营者与承租人签订各种形式的付费合同，承租人以在约定时间内获得汽车的使用权为目的，汽车租赁经营者通过为承租人提供车辆、税费、保险、维修、配件等服务实现投资增值，不提供驾驶服务。

从法律意义上讲，汽车租赁经营者是指具备从事汽车租赁经营条件的企业或者个人；承租人是指与汽车租赁经营者签订租赁合同并获得租赁车辆使用权及租赁服务的自然人、法人和其他组织；租赁汽车是指汽车租赁经营者合法拥有的用于租赁经营的车辆。

汽车租赁业是租赁业的分支，是以汽车为租赁物提供租赁服务的一

个行业。租赁是指按照出租人和承租人达成的协议，出租人把拥有的特定财产（包括动产和不动产）在特定时期内的使用权转让给承租人，承租人按照协议的约定支付租金的交易行为。租赁实际上是一种以一定费用借贷实物的经济行为。

按照我国《国民经济行业分类》（GB/T 4754—2011）标准，租赁业和商务服务业属于同一门类。其中，租赁业包括机械设备租赁和文化及日用品出租两类。机械设备租赁包括汽车租赁、农业机械租赁、建筑工程机械和设备租赁、计算机及通讯设备租赁、其他机械与设备租赁；文化及日用品出租包括娱乐及体育设备出租、图书出租、音像制品出租、其他文化及日用品出租。《国民经济行业分类》对汽车租赁业的划分见图 1–1。

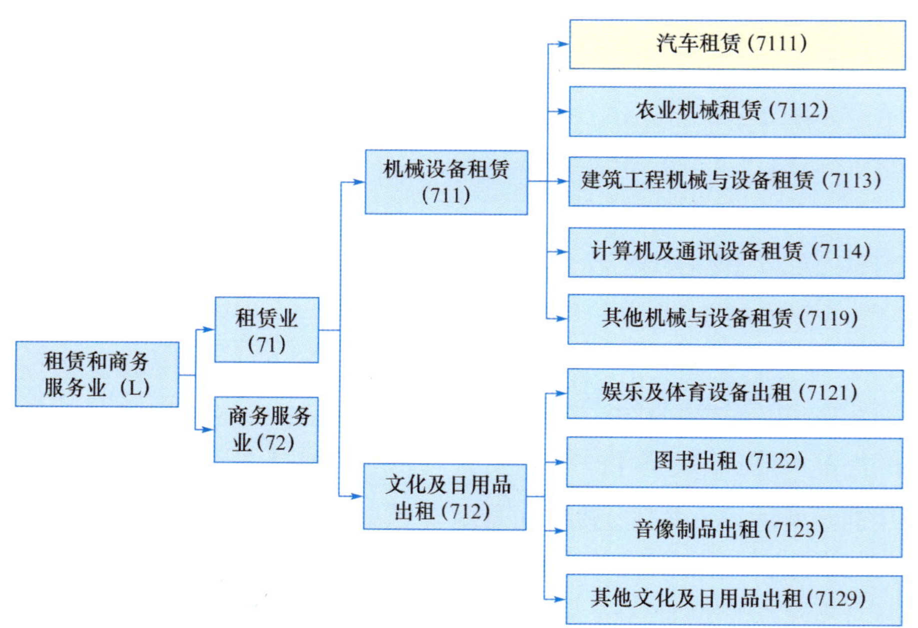

图 1–1 《国民经济行业分类》对汽车租赁业的划分

二、汽车融资租赁的概念

《中华人民共和国合同法》根据合同中主要内容的区别，将租赁合同与融资租赁合同区分开来。租赁合同是出租人将租赁物交付承租人使用、收益，承租人支付租金的合同。融资租赁合同是出租人根据承租人对出卖人、租赁物的选择，向出卖人购买租赁物，提供给承租人使用，承租人支付租金的合同。融资租赁兼具融资和租赁两种功能，以融通资金为主要目的。融资租赁和传统租赁的一个本质区别是，传统租赁以承租人使用租赁物的时间计算租金，而融资租赁以承租人占用融资成本的时间计算租金，租金是融通资金的代价，具有贷款本息的性质。在我国，经中国银行业监管管理委员会批准经营融资租赁业务的单位和经商务部批准经营融资租赁业务的外商投资企业，以及商务部和国家税务总局联合批准的融资租赁业务试点的内资企业才能开展融资租赁业务。

相应地，根据汽车租赁业务类型的不同，汽车租赁也可分为普通汽车租赁和汽车融资租赁。普通汽车租赁是指出租人拥有汽车所有权，通过为承租人提供车辆、税费、保险、维修、救援等服务收取租金的经营活动。汽车融资租赁是指出租人拥有汽车所有权，并通过租赁的方式获取租金，而将与租赁汽车所有权有关的风险和利益全部转移给承租人的一种经济行为。汽车融资租赁一般是由承租人选定车辆以及生产厂家，委托出租人融通资金购买车辆交付承租人使用，并支付租金。汽车融资租赁是一种买卖与租赁相结合的汽车融资方式，具有融资融物双重属性。与其他融资租赁相比，汽车融资租赁的销售特征更为明显，车辆维修、救援、保险理赔等服务，一般也由汽车销售商提供。

汽车融资租赁有两大特点：一是期限较长，一般在2年以上；二是出租人不承担车辆的经营和投资风险，只承担承租人是否履行合同的信用风险。

本书中所称的汽车租赁，一般指普通汽车租赁，不包括汽车融资租赁。

三、汽车租赁的分类

从目前实践情况看，汽车租赁业务可以按不同的标准进行分类，主要有以下三种分类方式。

（一）按租赁时间长短划分

按照租赁时间长短，汽车租赁可以分为长期汽车租赁和短期汽车租赁两种。

长期汽车租赁是指出租人与承租人签订长期租赁合同，按照租赁期间发生的费用（通常包括车辆折旧、维修、各种税费开支、保险及利息等）扣除预计剩余价值后，按合同月数平均收取租赁费用，并提供汽车税费、保险、维修及配件等综合服务的租赁形式。长期汽车租赁通常以月、年为计算单位，时间一般在3个月以上，租赁对象主要是企业。但随着经济社会的发展和传统习惯的改变，越来越多的个人也开始喜欢长期租赁汽车。

短期汽车租赁是指出租人与承租人签订短期租赁合同，为承租人提供短时期内的用车服务，收取短租费用的租赁形式。短期租赁通常以小时、天为计时单位，租期一般不超过3个月。短期汽车租赁一般以个人零散租赁为主，主要用于休闲旅游、公务出差等目的，但越来越多的企事业单位，为降低成本而租赁汽车使用，主要用于会议、商务接待等。

对于汽车租赁经营者而言，长期汽车租赁业务具有风险低、现金回流稳定的特点；短期汽车租赁业务具有周期性强、风险高但投资回报率高的特点。为维持一定的赢利水平，控制经营风险，汽车租赁经营者通常将长期、短期汽车租赁业务进行合理匹配，以获取更大的经济收益。

（二）按租赁车型划分

根据租赁车型不同，汽车租赁可分为客车租赁和货车租赁，其中客车租赁又可分为小型客车租赁和大型客车租赁。在我国，从事汽车租赁的客车原则上应为9座及以下的小型客车或者商务车。我国的货车租赁业务已有发展，但尚在探索发展过程中。本书主要介绍9座以下的小型客车或商务车租赁。

（三）按租用目的划分

根据承租人租用汽车的目的，汽车租赁可分为商务及公务租车、旅游租车、婚庆租车、会务租车等。商务及公务租车、会务租车等主要满足企事业单位的临时性用车需求，有些商务租赁车辆也可能长期为一些企事业单位服务。旅游租车和婚庆租车多为个人或者家庭租车，婚庆租赁车辆一般为豪华高档车辆。随着假日经济的不断发展，旅游租车在汽车租赁业务中越来越受欢迎。

四、汽车租赁的特点

（一）服务性

汽车租赁业属于服务业，汽车租赁经营者通过提供租赁车辆的服务从而在汽车上获得增值利润。因此，服务性是汽车租赁业务具备的首要基本特性。从广泛意义上来讲，汽车租赁能够为全社会提供“车辆资产管理服务”，这种服务包括车辆购置、车辆租赁、车辆维修、车辆救援、车辆保险、车队管理等内容。从满足需求角度来看，汽车租赁可在一定程度上满足政府机关、企事业单位和个人的用车需求。

（二）所有权与使用权分离性

在汽车租赁期间，汽车的所有权始终属于汽车租赁经营者。承租人在租赁期间，只能以支付租金为条件，取得汽车的使用权。在汽车租赁经营活动中，租赁汽车的所有权和使用权始终相分离。

（三）契约性

汽车租赁经营活动，一般都通过签订汽车租赁合同进行。通过签订租赁合同，明确租赁双方当事人的权利和义务、违约责任和特别约定条款，以保障租赁双方当事人的合法权益。汽车租赁合同一经签订，双方都有遵守义务，任何一方不可擅自变更或解除合同，否则应当承担相应的违约责任。

（四）风险性

汽车租赁业是资本密集型行业，也是一个信用消费特征比较明显的行业，具有一定的风险性，主要表现在以下三个方面：

（1）信用风险。汽车是一种高价值的消费品，将其租给承租人，汽车租赁经营者将面临承租人欠租甚至骗租的信用风险。

（2）交通事故风险。租赁汽车作为交通工具，承租人在使用过程中，存在发生道路交通事故的可能性。发生交通事故后，租赁车辆损坏会造成车辆价值降低，影响车辆性能，缩短车辆使用年限；此外，汽车租赁企业还将承担车辆维修期间因无法经营而造成的损失。

（3）残值波动风险。租赁汽车更新较快，更新下来的车辆一般都进入二手车市场，而二手车贬值较大。同时，还受到市场供给和二手车价格波动带来的影响，这使汽车租赁经营者面临资产残值低于预期的风险。

此外，汽车租赁业还受到国家宏观政策趋势，如经济发展变化、企业制度改革、财政与货币政策改革、监管体系变化等的影响，这些不确定的因素可能使汽车租赁经营者承担较大的经营风险。

（五）规模经济性

规模经济理论是经济学中的基本理论之一，是指在一定时期内，企业产品绝对量增加时，其单位成本下降，即扩大经营规模可以降低平均成本，从而提高利润水平。

汽车租赁业符合规模经济性行业的发展特点。在汽车租赁经营中，购置汽车、运营网点布局、开发汽车租赁信息系统等都需要大量的资金投入，固定成本在总成本中所占比例较高，而汽车租赁经营者只有当租赁汽车达到一定数量规模后，才能达到盈亏平衡点。也就是说，随着租赁汽车规模的扩大，单车成本才会呈现出下降趋势。从市场竞争看，具有一定规模的汽车租赁经营者，其经营成本低于市场平均成本，具有更大的盈利空间。

第二节　汽车租赁业的地位和作用

汽车租赁能为人民群众提供个性化的出行方式，为重大社会活动提供交通保障，能够有效配置车辆资源，并与铁路、航空、水路等运输方式充分衔接，丰富了道路运输服务的内容，是综合运输体系的重要组成部分。同时，汽车租赁是一种新型的消费方式，对于促进消费，带动汽车产业、旅游业和金融保险业的发展具有重要作用。

一、汽车租赁业在交通运输服务业中的地位和作用

（一）汽车租赁业在交通运输服务业中的地位

一般，按照不同的运输方式，交通运输服务业分为道路运输服务业、铁路运输服务业、水路运输服务业、航空运输服务业和管道运输服务业。道路运输服务业又可分为道路旅客运输、道路货物运输和道路运输相关业务。道路旅客运输包括公共汽电车运输、班线客运、包车客运、旅游客运和出租汽车客运。道路货物运输包括道路普通货运、道路货物专用运输、道路大型物件运输和道路危险货物运输。道路运输相关业务包括机动车维修、机动车驾驶员培训、运输站场和汽车租赁。汽车租赁业在交通运输服务业中的位置见图 1–2。

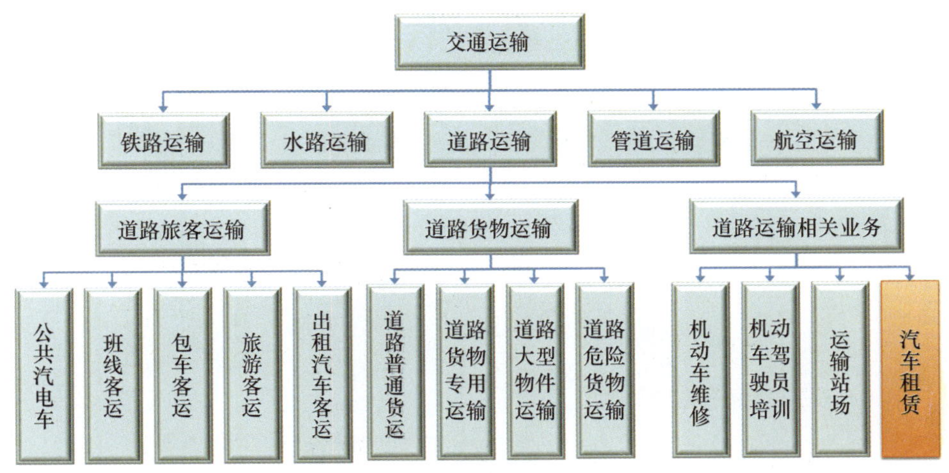

图 1–2　汽车租赁业在交通运输服务业中的位置

1. 衔接其他交通运输方式

汽车租赁属于交通运输服务业里道路运输服务业中的道路运输相关业务，是一种新型交通运输服务业态。汽车租赁具有道路运输机动灵活的特点，同时，汽车租赁门店普遍设在机场、火车站、水运码头等枢纽节点，实现与航空、铁路、水路运输等其他运输方式的有效衔接，是综合

交通运输服务体系中的重要组成部分。在发达国家，汽车租赁企业在机场设置汽车租赁门店，是汽车租赁业的显著特点。据统计，美国 50% 的短期汽车租赁业务发生在机场。美国汽车租赁公司把争抢机场场地及开设门店作为重要发展战略，多在机场开设门店，并十分集中。在纽约约瓦克机场，无人驾驶列车连接着 3 个航站楼和 4 个停车场，聚集了安飞士、赫兹、国家汽车租赁等多家汽车租赁公司的门店，每个停车场可以停放数千辆租赁汽车。图 1–3 为纽约约瓦克机场轻轨停靠站的指示标识，图 1–4 为安飞士

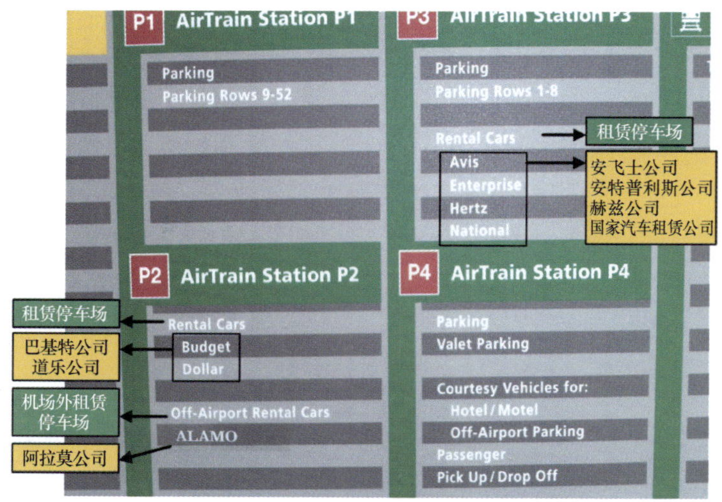

图 1–3　纽约约瓦克机场轻轨停靠站标识

图 1–4　安飞士巴基特汽车租赁公司在圣路易斯机场的柜台

巴基特汽车租赁公司在圣路易斯机场的柜台。

2. 丰富道路运输服务内容

在现有的道路运输服务形式中，汽车租赁与出租汽车客运、包车客运等所起到的作用是相互补充的。汽车租赁业的发展，丰富了道路运输业的服务内容。

汽车租赁与出租汽车相比，有很大不同。从性质上看，汽车租赁仅通过提供车辆满足社会公众个性化出行需求，不提供驾驶服务；而出租汽车是为社会公众提供“门到门”便捷运输服务，出租汽车驾驶员参与运输服务全过程。从功能上看，汽车租赁具有出行服务功能、融资功能、车辆资产管理功能、促销功能等；而出租汽车主要集中在客运服务功能上。从服务对象上看，汽车租赁的服务对象很多，包括企事业单位、汽车生产厂商和汽车销售商、个人消费者等；而出租汽车主要针对的是个人消费者。从合同形式上看，汽车租赁一般签订书面合同；而出租汽车一般以口头约定为主。从收费方式上看，汽车租赁主要通过合同按日、月、年等时间计费；而出租汽车主要是按照里程计费。汽车租赁与出租汽车之间的区别如表 1–1 所示。

汽车租赁与出租汽车的比较 表 1–1

对比内容	汽车租赁	出租汽车
性质	仅通过提供车辆满足社会公众个性化出行需求，不提供驾驶服务	为社会公众提供“门到门”便捷运输服务，出租汽车驾驶员参与运输服务全过程
功能	出行服务功能、融资功能、车辆资产管理功能、促销功能等	客运服务功能
服务对象	企事业单位、汽车生产厂商和汽车销售商、个人消费者	个人消费者
服务方式	自驾、融资、车辆资产管理、车队管理等服务方式	“门到门”运输服务
合同形式	一般签订书面合同	一般不签书面合同，以口头约定为主，运输简单，服务结束后完成合同
计费方式	通过合同主要按日、月、年等时间计费	主要按里程计费

汽车租赁与包车客运相比也有很大不同。包车客运的车辆一般都是大客车，特别是旅游包车一般由运输公司与旅行社合作，而汽车租赁主要满足消费者对小型客车的出行需求。从事包车客运的运输公司很少提供小型客车的包车运输服务，可以说汽车租赁是包车客运的有效补充。

（二）汽车租赁业在交通运输服务业中的作用

1. 满足人民群众个性化出行需求

租赁汽车最本质的属性是交通工具，承租人租用车辆最主要是满足出行需求，达到运输目的。因此，出行运输服务功能是汽车租赁的最基本功能，也是汽车租赁业得以发展的基础。特别是，汽车租赁满足了不同人群的个性化出行需求。如，商务出行可以租用高档商务小汽车，假日旅行可以租用休闲度假车或越野车，购买车辆前可以租用同款车型试驾，婚庆可以租用豪华小汽车等。汽车租赁可提供多种车辆供用户选择，有利于提高人民群众生活水平，满足不同消费群体的多样化消费需求。图 1-5 为提供婚庆服务的租赁汽车。

图 1-5　提供婚庆服务的租赁汽车

2. 为重大社会活动提供交通保障

汽车租赁可为社会重大活动提供车辆保障服务，是交通保障体系中的重要组成部分。随着经济的繁荣发展，各类大型社会活动的举办越来越多，如体育赛事、各种会议、展览展销会等。大型社会活动在短时间内形成大量的人员聚集，人员的集散运输需要大量的车辆、强大的交通系统提供运输保障，汽车租赁业可发挥“蓄水池”的作用，在较短的时间内提供大量车辆完成运输服务。汽车租赁在北京奥运会、上海世博会、广州亚运会等重大活动中都发挥了重要作用。

专栏 1-1

租赁汽车为北京奥运会服务

某汽车租赁公司为奥运会提供汽车租赁服务。先后承担好运北京测试赛、奥林匹克收藏博览会、奥运会、残奥会用车服务，为奥运代表团、新闻转播公司、奥运志愿者、媒体记者等提供用车 3416 辆次。汽车租赁业为奥运交通保障工作做出了巨大贡献。图 1-6 为奥组委与汽车租赁公司签订的工作任务书；图 1-7 为北京奥运会服务的租赁汽车。

图 1-6 奥组委与汽车租赁公司签订的工作任务书

图 1-7 2008 年北京奥运会专用服务的租赁汽车

3. 合理配置车辆资源

随着社会经济发展和人民生活水平的提高，人们对出行的要求越来越高，出行需求也越来越多样化，希望在有出行需要时有一辆自己能完全支配的汽车。如果没有汽车租赁服务，人们出行可能需要自己购买汽车，当使用效率较低的情况下，购买车辆不经济，会造成车辆资源的浪费。同时，机动车的过度发展，会加剧城市交通拥堵，影响人们出行。当汽车租赁服务比较完善时，出行者可以通过租赁车辆来满足自驾车出行的需求，引导消费者减少购买机动车，从而减少社会车辆总量。此外，租赁汽车可供不同的承租人使用，不为某个人单独拥有，有利于合理配置车辆资源，降低车辆空驶率，提高车辆利用率。

二、汽车租赁业在经济社会发展中的地位和作用

（一）汽车租赁业拉动经济增长

促进消费增长一直是我国转变经济增长方式的重点。消费增长有两种情况：一是原有消费的数量扩张；二是由新的消费方式引起的消费扩张。第一种消费增长是简单的数量扩张，到一定程度时就会减缓，直至停止增长。第二种由消费方式变化引起的消费增长具有广阔的扩展空间。汽车租赁业正是属于第二种情况。汽车租赁将车辆的所有权和使用权分离，消费者只需支付租金使用车辆，而不必花更多的钱购置车辆，形成了一种新型的消费模式，满足了由于种种原因，只想使用车辆而不想拥有车辆群体的消费愿望。而且汽车租赁经营者大量购置租赁汽车，加快了汽车产业的产销过程，形成了新的汽车销售渠道，促进了汽车的消费增长。2009 年政府工作报告中曾指出“完善汽车消费政策，加快发展二手车市场和汽车租赁市场，引导和促进汽车合理消费。”可见，汽车租赁对于转变消费方式，促进消费增长具有重要的作用。

我国汽车租赁业发展时间较短，对经济的拉动作用还不明显，随着汽车租赁业的发展成熟，将会形成巨大的汽车消费市场。美国是汽车租赁业最发达的国家之一，2010 年汽车租赁业收入达到 205.5 亿美元，占国内生产总值的比重为 0.14%。图 1–8 是美国历年汽车租赁业收入占国内生产总值的比例图。美国汽车租赁业发展成熟，汽车租赁业收入占国内生产总值的比重在 0.14% ～ 0.20% 之间波动。从美国的发展经验看，我国汽车租赁业仍有很大的发展空间，2010 年我国国内生产总值为 40.3 万亿元，汽车租赁业收入为 140 亿元，汽车租赁收入占国内生产总值不足 0.04%。随着我国经济的发展，汽车租赁市场不断成熟、规模不断扩大，所占比例将不断提升，预计未来我国汽车租赁市场将形成 600 至 1000 亿元的规模。此外，汽车租赁业对于旅游和金融业等关联产业也具有巨大的促进作用。因此汽车租赁业对于经济发展具有拉动作用，发展前景广阔。

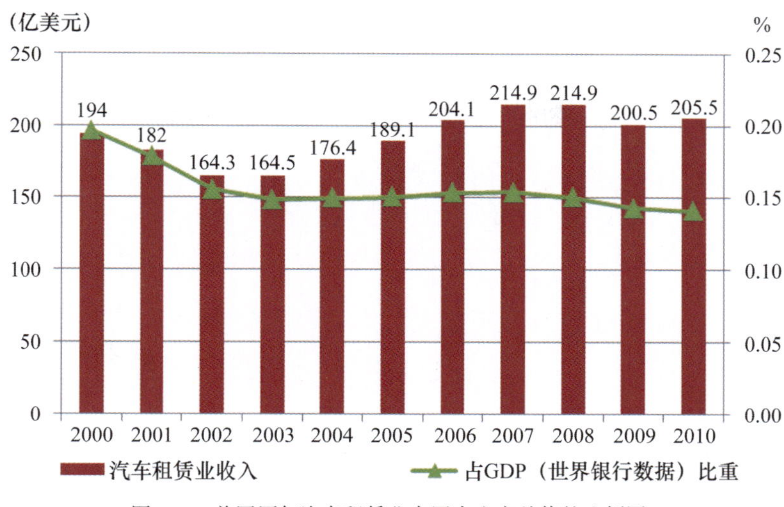

图 1-8　美国历年汽车租赁业占国内生产总值的比例图

（二）汽车租赁业带动汽车产业发展

汽车租赁业是汽车产业链的重要组成部分（图 1-9）。在整个汽车产业链中，汽车租赁的上游是汽车制造商，下游是二手车交易市场与各类消费群体，汽车租赁的功能是在其上下游之间促进汽车所有权、使用权的转移和货币资本的循环流通。汽车租赁业和汽车制造业关系十分密切，一方面，汽车制造业通过汽车租赁为其新车的推广和销售服务；另一方面，汽车租赁业依靠与汽车制造业的合作，可减少资金压力，获得租赁汽车的供应支持。

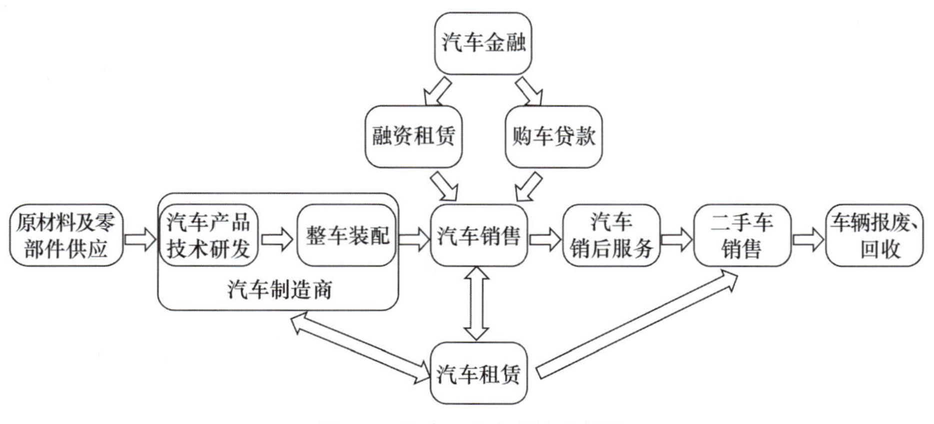

图 1-9　汽车工业产业链示意图

在美国，大型汽车租赁公司与汽车制造商紧密合作，汽车生产制造企业销售给汽车租赁公司的车辆占汽车总销量的30%以上。此外，汽车制造商还通过车辆回购方式与汽车租赁公司合作。2007年，赫兹汽车租赁公司以定期回购或定价回购的合约方式，从福特、通用汽车公司购买了31万辆小汽车，这大大降低了租赁公司因车辆残值波动所承担的经营风险。

汽车租赁业通过与汽车工业上、下游产业链各环节的全面合作，降低了自身成本，提高了核心竞争力，同时也大大带动了汽车产业的发展，实现了双赢。

（三）汽车租赁业促进旅游业发展

在欧美一些发达国家，汽车租赁已经成为旅游业中非常重要的环节，很多机场、码头和火车站都设有汽车租赁站点，并且在预订酒店、机票、车票等方面实现了资源共享。为提高服务水平、吸引游客，许多知名旅游企业直接投资汽车租赁行业，或者与汽车租赁企业开展车辆预订、积分优惠等方面的合作。一些饭店、宾馆也与汽车租赁企业广泛开展合作，旅游者可以通过饭店、宾馆租赁汽车，并享受一定的优惠。

在我国，汽车租赁近年来越来越受到自助旅游者的青睐。随着旅游消费档次的提高，使用小型交通工具、自主设计旅游路线的自助旅游需求将不断扩大，这为汽车租赁带来了较大的潜在需求。同样，汽车租赁既能够满足自助旅游者对车辆的要求，也能够满足游客在旅游中对车型的多样化需求，通过高品质、多样式、个性化的汽车租赁服务，促进了旅游业的发展。

第二章　汽车租赁业发展历程

随着经济形势和国家产业结构的变化，人们对拥有汽车的观念也在变化。越来越多的家庭、个人开始尝试以“招之即来”的方式租用各种汽车。人们对汽车的功能和配置，在某一特定时间内也有了特殊的需求。为满足不同客户的需求，汽车租赁公司提供的如办公汽车、旅游度假汽车等专用汽车应运而生。越来越多的中小企业也利用租赁汽车来满足其对汽车的需要。汽车租赁业在这样的背景下迅速发展起来。近年来，我国汽车租赁业发展也非常迅速，并逐步形成规模。本章主要介绍国内外汽车租赁的发展历程、发展特点。

第一节　国外汽车租赁业发展历程

在国外，汽车租赁业已有 100 多年的历史，是一个非常成熟的行业，租赁汽车使用已经成为人们生活中非常普遍的事情。据资料介绍，美国用于汽车租赁的车辆超过 160 万辆。世界汽车工业 20% ~ 30% 的汽车新产品在出厂后，直接进入了汽车租赁市场。正是基于汽车租赁业快速增长的态势及其巨大的潜在需求和广阔的发展前景，汽车租赁业被誉为“朝阳产业”。从 1918 年至今，经过近一个世纪的发展和竞争，在众多的汽车租赁经营者中，已经形成了安特普利斯（Enterprise）、赫兹（Hertz）、安飞士（Avis）、巴基特（Budget）、欧洲汽车（Europcar）、吉普卡（Zipcar）、大家的车（We car）、阿拉莫（Alamo）等国际汽车租赁业的巨头。图 2-1 为部分著名汽车租赁公司的标志。这些历史久、规模大的汽车租赁公司领导着市场，如赫兹汽车租赁公司在全球约有 60 多万辆租赁汽车，分布在 150 多个国家和地区的 7000 多个租赁点。

a) 安特普利斯

b) 赫兹

c) 安飞士

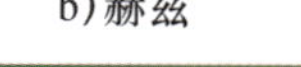

d) 巴基特

e) 欧洲汽车

f) 吉普卡

g) 大家的车

h) 阿拉莫

图 2-1　部分著名汽车租赁公司标志

一、发展历程

（一）萌芽起步阶段

20世纪初至20世纪30年代末是汽车租赁业的起步发展阶段。1908年，美国福特汽车公司生产出福特T型汽车。福特T型汽车最初售价为850美元。随着车辆技术的进步，福特T型汽车价格不断下降，到1916年时，车价只有360美元。低廉的价格使汽车开始走进普通家庭，并成为主要的交通工具。汽车的不断普及也为汽车租赁的发展奠定了坚实的基础。

汽车租赁业内普遍认为，最早从事汽车租赁的是一名叫乔·桑德斯（Joe Saunders）的内布拉加斯人。1916年，桑德斯在福特T型轿车左前轮上安装了里程表，按照每英里10美分的价格租赁汽车。到1925年，桑德斯的汽车租赁业务扩展到美国21个州。但在20世纪30年代的经济大萧条中，桑德斯破产了，停止了汽车租赁业务。在同一时期，一名叫沃尔特·雅各布（Walter Jacobs）的美国年轻人也开始从事汽车租赁业务。1918年，雅各布购买了12辆福特T型汽车，在芝加哥创办了首家汽车租赁企业，名字叫"福特汽车租赁公司"（Rent A Ford Car Company）。至1923年，福特汽车租赁公司的租赁汽车迅速发展到565辆，年销售收入达到百万美元，后被美国出租汽车巨头赫兹并购，赫兹公司老板约翰·赫兹（John Hertz）将其命名为“赫兹汽车租赁公司”。从此开始，美国的汽车租赁业开始发展起来。图2–2为赫兹汽车租赁公司的宣传照片。

图2–2　赫兹汽车租赁公司的宣传照片

赫兹汽车租赁公司成立后，汽车租赁业务因其服务特点鲜明，发展前景被普遍看好。之后，美国各地迅速出现了很多汽车租赁公司。其中，赫兹汽车租赁公司和1933年成立的雷德（Ryder）汽车租赁公司规模较大，网点遍布各地，而其他汽车租赁公司规模普遍较小，主要从事本地的短期汽车租赁业务。在这一时期，一些犯罪分子经常使用租赁汽车抢劫银行以及制造、销售、运输私酒等非法行为，声誉较差。1920年美国的禁酒法案严格禁止制造、销售、运输酒精含量超过0.5%以上的饮料，禁酒法案的实施反而造成私酒泛滥，很多人通过使用租赁汽车违法运输贩卖私酒来赚钱。据美国当时的《星期六晚邮报》报道，在禁酒期间，有90%的租赁汽车用于非法目的。1933年，美国废除了禁酒法案，这样用于非法目的的租赁汽车大幅减少。之后，汽车租赁业重新获得尊重，并加快发展。在同一时期，欧洲的汽车租赁业也开始起步。

（二）快速发展阶段

20 世纪 40 年代至 60 年代，是汽车租赁业的快速发展阶段。在这一时期，汽车租赁业与铁路运输、民航运输紧密衔接和金融资本介入成为这一阶段的重要特征。此时，美国私人汽车已经相当普遍，大量旅客出行由铁路转向了自驾车。对此，美国铁路公司十分重视，成立了“铁路扩展有限公司”（Railway Extension Inc.），特许美国汽车租赁公司在火车站设立汽车租赁门店，乘客可在到达之前通过免费电报预定租赁汽车。

第二次世界大战爆发后，美国防御交通办公室出于节约汽油的考虑，规定租赁汽车每月行驶里程不得超过 1500 英里（约 2414 公里），同时限制购置新车和更新车辆。由于此原因，美国的汽车租赁业发展出现短暂停滞。第二次世界大战结束后，美国经济复苏并高速增长，消费升级促进乘坐飞机出行的人数快速增长，汽车租赁业又进入快速发展时期。1947 年，赫兹汽车租赁公司在亚特兰大和密尔沃基机场设立汽车租赁门店，开展汽车租赁服务；同年，安飞士汽车租赁公司成立，主要经营机场的汽车租赁业务。1952 年，赫兹汽车租赁公司和其特许经营者在 120 个机场设立汽车租赁门店。同时，欧洲的汽车租赁业务也发展迅速，形成了以欧洲汽车租赁公司为代表的汽车租赁业两巨头。在此时期，一些国际知名汽车租赁公司也相继成立，如 1958 年成立的普斯普瑞特汽车租赁公司（Prosperity Car Rental）和巴基特汽车租赁公司（Budget）、1966 年成立的道乐汽车租赁公司（Dollar Thrifty Automotive Group）等。

20 世纪 70 年代至 90 年代，这一时期的汽车租赁业，产业链不断延伸，规模进一步扩大。由于新车制造成本不断上升，汽车租赁公司获得汽车制造商购车折扣的机会越来越少，汽车制造商回购淘汰租赁汽车的价格也越来越低。为应对此形势，汽车租赁公司开始进入二手车市场，直接出售淘汰的租赁汽车，以提高利润空间。正是由于汽车租赁产业链的进一步延伸，使得汽车租赁公司的利润有所上升。

在 20 世纪 90 年代，美国经济发展进入巅峰。在这一时期，汽车租赁企业的规模不断扩大，竞争不断加剧，兼并重组时有发生。汽车租赁业在这个阶段的快速发展，有三个方面的因素起到了巨大促进作用：

（1）汽车生产商介入。汽车生产商直接控制和经营汽车租赁企业，车辆更新速度不断加快。由此，租车价格进一步降低，吸引了更多的租赁消费者。

（2）金融资本介入。在金融资本助推下，大型汽车租赁企业收购中小汽车租赁企业，实行规模化经营。

（3）信息技术发展和广泛应用。电子商务技术、卫星定位技术、企业管理信息技术在汽车租赁企业中得到广泛应用，使汽车租赁企业在改善租赁站点网络、提高预约效率、提升管理水平等方面，取得巨大进步，带动了行业升级，提升了服务水平。

总体而言，进入 20 世纪 90 年代，美国汽车租赁业的经营规模快速扩大。到 2000 年时，汽车租赁业的收入超过了 190 亿美元，约占全球所有汽车租赁业总收入额的 1/2。

（三）调整成熟期

21 世纪初，是发达国家汽车租赁业的成熟稳定时期。这一时期，汽车租赁业平稳增长，年均增长 1% ～ 2%。因为受到网络经济泡沫破灭、“9・11”事件、2008 年金融危机等的影响，一些国外发达国家的汽车租赁业甚至出现了负增长。2003 年，为刺激经济增长，美国汽车金融服务公司推行无息贷款，使汽车金融租赁业务大幅减少，汽车产业向汽车租赁业交付的车辆数也锐减。2008 年金融危机爆发后，汽车租赁市场出现了 15% ～ 20% 的衰退。

当前，在汽车租赁业务中，欧美国家的汽车租赁市场最为成熟。汽车租赁业目前呈良好发展态势，除经营汽车租赁业务，还开展融资性租赁、二手车销售、车辆保险等多种业务。特别是二手车业务，已成为汽车租赁公司的重要业务之一。通过开展二手车业务，汽车租赁企业有效扩大了自身车辆更新的空间。

北美是全球最大的汽车租赁市场，约占 50%。经过多年的发展及市场培育，汽车租赁业的发展稳步前进，美国小汽车租赁市场车辆数由 2001 年的 173.8 万辆增加到 2008 年的 181.3 万辆，之后由于金融危机的影响，小汽车租赁市场车辆数有所下降，到2010年减少为162.9万辆。虽然车辆数在2009年和2010年有所减少，但是其汽车租赁业历年营业收入总体增长，2001—2010年的年均增长率达到1.4%，尤其是单车的收益保持了较高的增长趋势，2010年达到12639美元，比2001年提高了约2000美元，年均增长达到2.1%。美国历年小汽车租赁市场车辆数与收入情况分别见图2-3和图2-4，单车收入情况见图2-5。国外发达国家的知名汽车租赁企业的租赁车辆都保持在数十万辆，一些汽车租赁公司还建立了汽车租赁网络，形成遍布全球的汽车租赁网点。以赫兹汽车租赁公司为例，2010年，其共有租赁汽车55万辆，网点6300多个。

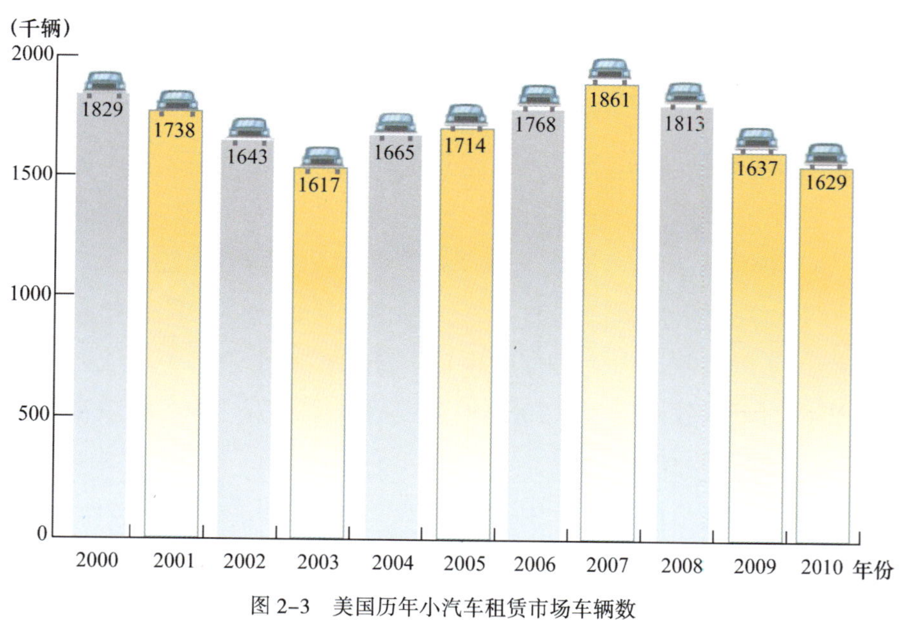

图2-3　美国历年小汽车租赁市场车辆数

根据美国汽车租赁协会公布的统计数据，2010年安特普利斯汽车租赁公司小汽车车辆数为85万辆，占总数的52.2%；赫兹汽车租赁公司小汽车车辆数为29万辆，占总数的17.8%；安飞士巴基特汽车租赁公司车辆达到27万辆，占总数的16.6%；道乐汽车租赁公司为10.8万辆，占总

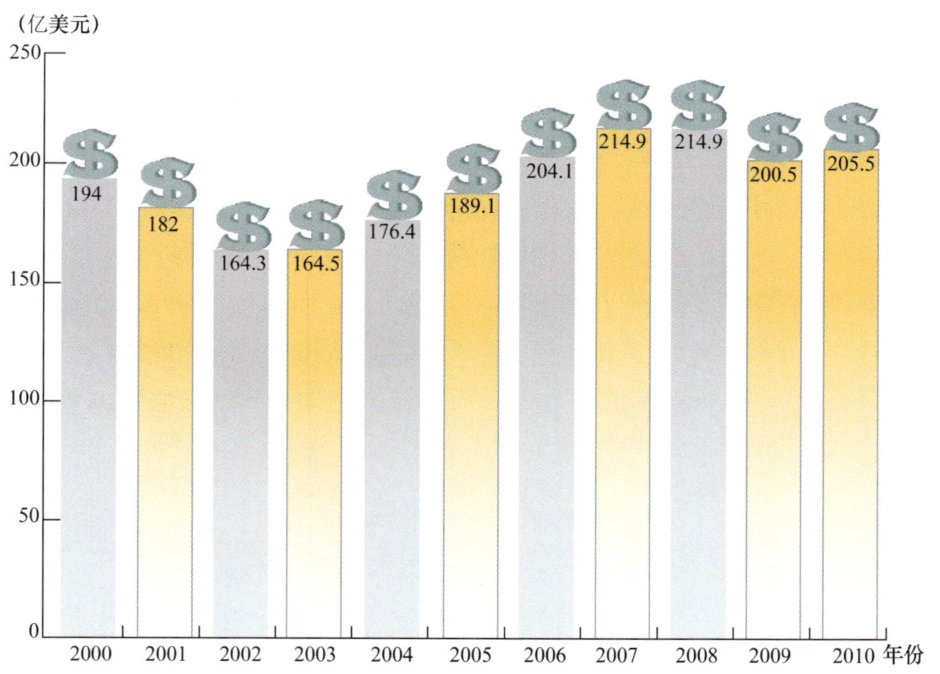

图 2-4　美国历年小汽车租赁市场收入情况

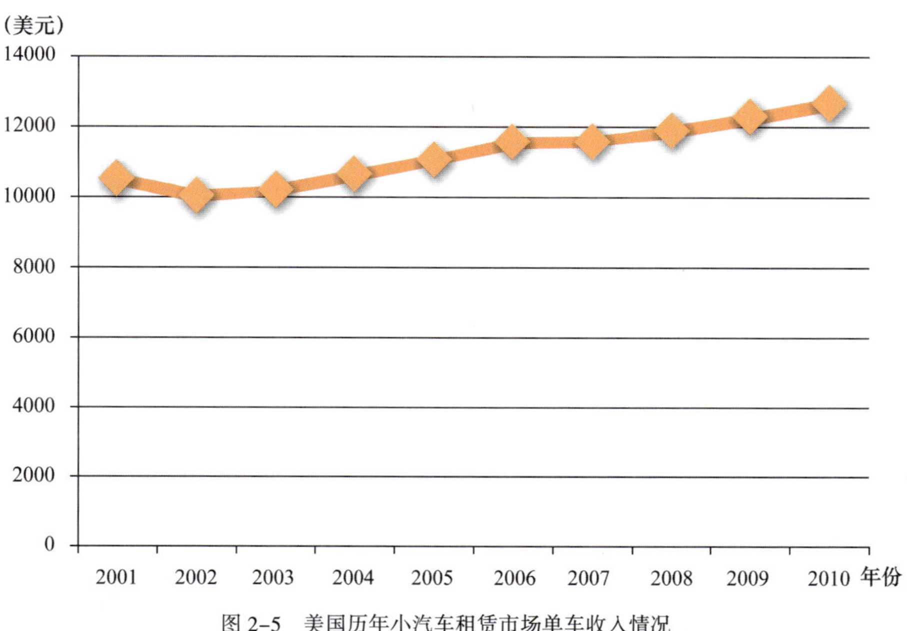

图 2-5　美国历年小汽车租赁市场单车收入情况

数的 6.6%。以上公司的车辆数占小汽车租赁市场车辆的 90% 以上，规模化经营趋势十分显著。从营业网点分布来看，排名前三的安特普利斯汽车租赁公司、赫兹汽车租赁公司以及安飞士巴基特汽车租赁公司，其营业网点分别达到了 6187 个、2300 个及 2100 个，占全美营业网点总数的 61.8%，网络化经营的特点显著。从营业收入来看，排名前三的汽车租赁企业的营业收入占美国小汽车租赁市场总营业收入的 86.3%，其中安特普利斯汽车租赁公司营业收入达到 98 亿美元，占总收入的 47.6%；赫兹汽车租赁公司营业收入达 40.8 亿美元，占总收入的 19.8%；安飞士巴基特汽车租赁公司营业收入达到 39 亿美元，占总收入的 18.9%。2010 年美国小汽车租赁市场基本情况见表 2–1。

2010 年美国小汽车租赁市场基本情况 表 2–1

企业名称	车辆数量（辆）	营业网点（个）	收入（亿美元）
安特普利斯汽车租赁公司｛包括 Enterprise 汽车租赁公司，阿拉莫（Alamo）汽车租赁公司，国家（National）汽车租赁公司｝	850689	6187	98
赫兹汽车租赁公司｛包括优势（Advantage）租车公司｝	290000	2300	40.80
安飞士巴基特汽车租赁公司	270000	2100	39.00
道乐汽车租赁公司	108000	464	16.30
优胜（U–save）汽车租赁公司 .	10950	350	1.02
福乐斯（Fox）汽车租赁公司	9500	13	1.10
宝利驰（Payless）汽车租赁公司	9500	35	1.18
ACE 汽车租赁公司	9000	95	1.00
吉普卡（Zipcar）汽车租赁公司	7000	94	1.43
美国 Rent–a–wreck 公司	4833	179	0.35
川高（Triangle Rent–A–Car）汽车租赁公司	4000	27	0.40
安福德（Affordable/Sensible）汽车租赁公司	3589	179	0.33
个体企业	52500	5100	5.00
总计	1629561	17123	205.91

目前，发达国家的汽车租赁企业非常看好我国的汽车租赁市场，纷纷在我国设立汽车租赁公司，如赫兹汽车租赁公司、安飞士汽车租赁公司、雷德（Ryder）汽车租赁公司、欧洲汽车租赁公司等，都先后在我国开展了汽车租赁业务。图 2-6 为赫兹汽车租赁公司在我国设立的公司门店。

图 2-6　赫兹汽车租赁公司在我国设立的公司门店

二、发展特点

经过一百多年的发展，发达国家的汽车租赁业形成了自身的发展特点，有较强的竞争优势，主要表现在以下八个方面。

（一）租赁车辆以经济型和小型车辆为主

在国外汽车租赁公司的租赁车辆构成中，74% 的车辆为经济型和小型汽车，仅有 9% 的车辆为豪华和特种车辆。汽车租赁公司租赁车辆中的小汽车所占比重达 90%，货车约占 10%。巴基特汽车租赁公司因有特种车队，小汽车比重略低。

（二）汽车租赁服务流程规范、简捷

国外发达国家因有良好的信用体系保证，因此，汽车租赁服务流程规范、简捷、便利。在一般情况下，承租人只需提供信用卡号和驾驶证

即可租用车辆。验证、租车、还车各环节服务都实现了规范管理，减少了不必要的手续，极大地方便了承租人。

（三）经营模式推广迅速

发达国家汽车租赁企业利用多种连锁经营方式，扩大品牌影响力，统一服务标准，迅速推广并建立可以覆盖较大区域的汽车租赁服务网络。

（四）先进的经营管理和市场营销模式

国外知名的汽车租赁公司普遍实行了会员制，以稳定公司客户群体。在汽车租赁经营活动中，汽车租赁公司为固定客户制订更为优质的服务；对公司客户实行账户管理，针对不同公司的需求，实行团体费率，并提供专门的配套服务。通过信息系统对网点、租赁车辆等的信息监控，利用全球销售预订系统、卫星导航系统等，为客户提供全方位的服务。

（五）完备的救援、保险等保障体系

公布汽车租赁公司租赁车辆救援电话号码，为租赁车辆提供救援，是汽车租赁公司的最基本要求。汽车租赁公司通过与专业的救援机构合作，建立租赁车辆有效的救援保障体系。在租赁车辆保险方面，专门设立了针对租赁车辆的险种。而且，为了方便承租人，汽车租赁公司专门成立了负责车辆损害赔偿的部门。

（六）与旅店、餐饮、旅游等行业密切协作

汽车租赁业与旅店、餐饮、旅游等行业建立紧密协作关系，甚至形成了资本纽带关系，可以为承租人提供多方位的优质服务。例如，欧洲汽车租赁公司作为欧洲最大的汽车租赁企业，在1999年以前，法国饭店及票据业巨头雅高集团曾对其控股50%。

（七）与汽车生产厂商合作紧密

汽车租赁企业与汽车生产厂商合作紧密。通过汽车制造厂商，汽车

租赁公司实现了车辆的快速更新，提供了更好的服务，赢得了更多客户。反过来，汽车租赁业的发展促进了汽车产业的发展。

（八）外部发展环境良好

在国外发达国家，汽车租赁业有良好的外部发展环境。如有以高速公路为纽带的道路基础设施；有全球化的信息网络；卫星导航等高新技术得到广泛应用；已经建立了完善的个人信用评估和社会信用保障体系；已形成良好的社会道德水平和个人自律能力等。

第二节　国内汽车租赁业发展历程

近年来，我国汽车产销量一直保持高速增长，已成为全球最大的汽车生产国和新车消费市场。我国汽车租赁业也伴随汽车产业的发展而逐步成长起来。目前，我国有汽车租赁经营者5000多家，租赁汽车超过10万辆，车辆年平均租赁率在70%左右，正逐步形成覆盖大中城市的汽车租赁市场网络。

一、发展历程

我国汽车租赁业的发展，大体可分为两个阶段。

（一）培育起步阶段

我国汽车租赁业起步较晚，始于20世纪80年代末。在北京承办1990年亚运会的筹备过程中，为满足外国记者在华工作中对交通的便捷、机动和私密性的需求，1989年5月我国成立了第一家汽车租赁公司——北汽九龙福斯特汽车租赁公司。1989年8月1日，该公司正式开始运营。

1989年后的十年间，我国陆续成立了一些经营规模相对较大的汽车租赁企业，如首汽租赁、北京今日新概念汽车租赁、上海安吉汽车租赁等。但这些汽车租赁企业主要集中在北京、上海、广州、深圳等大城市，经营区域相对较小且多集中在一个城市，而且网点也少。当时，北京今日新概念汽车租赁在鼎盛时期也只有租赁汽车 1000 多辆。这些汽车租赁企业当时由于资金有限，无法及时更新车辆，车辆普遍老旧，车辆技术状况较差，用户满意度普遍不高。同时，企业的经营管理也不规范，信息技术水平较低。

2001 年我国成功申办奥运会和加入世界贸易组织后，汽车租赁业得到了较大发展。汽车租赁企业近 3000 家。仅在北京市，2001 年前后就相继成立几百家汽车租赁企业，2002 年经规范整顿，最后有 172 家汽车租赁企业。同时，国内汽车租赁业在一些中小城市甚至是县级市或乡镇都有发展。

在这一时期，国外汽车租赁企业开始关注中国汽车租赁市场。2002 年，赫兹租车中国公司在北京成立，这标志着国外汽车租赁企业进入中国汽车租赁市场。2003 年，安飞士中国公司也在上海成立。

（二）快速发展阶段

2005 年以后，我国汽车租赁业呈快速发展的态势。随着汽车产业的发展，人们生活水平的提高，汽车价格下降，促进了汽车租赁业的发展。截止到 2006 年年底，全国 13 个中心城市有汽车租赁服务，共有汽车租赁企业 787 家，租赁汽车 44864 辆，租赁网点 446 个，从业人员 14682 人，实现营业收入 20 亿元。

2007 年，我国汽车租赁企业如雨后春笋般在国内大、中、小城市成立，这大大促进了汽车租赁业的发展。截至 2007 年年底，全国共有汽车租赁企业 2000 多家，租赁车辆 8 万多辆，实现营业收入近 100 亿元。

截至 2010 年年底，我国租赁汽车已达 10 多万辆，与“十五”期间相比，年均增速高达 21%，汽车租赁企业总数已超过 5000 家。在这些汽车租赁企业中，逐步形成我国汽车租赁行业的企业龙头，其中具有代表性的企业有北京神州租车、上海一嗨租车、深圳至尊租车、首汽租赁公司等，他们的经营网店遍布全国各主要城市，租赁车辆有几千辆甚至几万辆。其中，首汽租赁首先开展连锁和加盟经营，成为我国汽车租赁网络化经营的开端。

二、发展特点

（一）汽车租赁企业规模逐步扩大

近年来，我国汽车租赁业进入快速发展阶段，汽车租赁企业的规模越来越大，抗风险能力越来越强，服务水平有了一定程度的提高。2010年，我国汽车租赁业总收入约为140亿元，较2009年增长了27%。目前，我国规模较大的汽车租赁企业有：北京神州汽车租赁有限公司、一嗨汽车租赁有限公司、深圳市至尊汽车租赁有限公司、首汽租赁公司、北京通利达汽车租赁有限责任公司、广州瑞卡租车股份有限公司、上海大众汽车租赁公司、上海强生汽车租赁有限公司等，主要集中在北京、上海、广州、深圳等大城市以及沿海经济发达地区。这其中的龙头骨干企业已经建立了遍布全国的汽车租赁服务网络。2007年成立的神州租车已有租赁汽车27000辆，员工达4000人，在全国66个城市设立了520余个汽车租赁网点；2006年成立的一嗨租车，先后获得鼎晖创投、集富亚洲和启明创投等投资公司的资金支持，2010年获得了以美国高盛集团为首的多家投资基金投资，目前，拥有租赁汽车约1万辆，先后在全国40多个城市设立了300多个汽车租赁网点，还为200多家世界500强企业提供租车服务。

（二）租赁车辆以小汽车为主

在我国10多万辆的租赁汽车中，小汽车所占比重达到90%，这与国外汽车租赁市场的情况大体相同。在我国租赁汽车中，主要以经济型小汽车为主，高档车的比例还相对较低。特别是，我国货车租赁还不发达，有待进一步推动、引导发展。

（三）一线城市租赁车辆比例较高

目前，我国汽车租赁业主要集中在经济发达的大、中城市，这些城市的汽车租赁服务发展势头良好。但近年来，汽车租赁业正呈现出由中东部地区向西部地区、从大城市向中小城市扩展的发展趋势。在我国的一线城市，即北京、上海、广州和深圳，汽车总保有量约为851万辆，其中租赁汽车的数量达到7.03万辆，占汽车总保有量的0.81%；二线城市，即除一线城市之外的省会城市、直辖市和计划单列市，汽车保有量达到1565万辆，其中租赁汽车数量为2.61万辆，占汽车总保有量的0.17%；三线城市，即各省其他重要城市，汽车保有量为3873万辆，其中租赁汽车保有量为1.01万辆，占汽车总保有量的0.03%。我国汽车租赁业在一、二、三线城市的发展情况，详见图2-7。

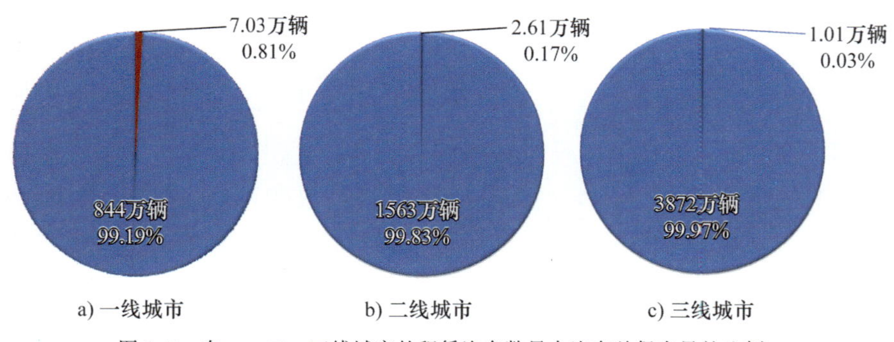

图2-7　在一、二、三线城市的租赁汽车数量占汽车总保有量的比例

目前，美国城市租赁汽车占汽车总保有量的比例为1.4%，与之相比，我国汽车租赁业发展尚处于起步阶段。

第三章　汽车租赁业发展环境

汽车租赁业发展受经济社会环境和市场环境因素影响。经济社会环境包括经济发展、城市化进程、交通基础设施建设、生活方式及消费习惯等。市场环境包括目标市场、竞争环境及信用体系环境等。促进汽车租赁业发展，需要洞悉宏观经济发展趋势，精准判断汽车租赁业市场环境，为汽车租赁业的科学发展提供更好的决策依据。

第一节　经济社会环境

目前，我国经济正处于大发展的重要时期。随着我国经济的快速发展，城市化进程不断推进，交通基础设施进一步完善，这将对汽车租赁业发展产生重大影响，并改变未来人们的出行方式和消费习惯。

一、经济发展环境

（一）全国经济形势

2001 年，我国的国内生产总值为 10.8 万亿元，2005 年达到了 18.3 万亿元，“十五”期间，年均增长达到 14%；“十一五”期间，我国的经济平稳快速发展，完成了“十一五”规划确定的主要目标，国内生产总值有了飞跃式的提高，综合国力大幅提升。2010 年，国内生产总值为 2006 年的 1.6 倍，达到 40.3 万亿元，年均增长达到 16.9%，排名跃居世界第二位，国家财政收入达到 8.3 万亿元。“十二五”期间，预计我国的国内生产总值年均增长幅度将达到 7% 左右，我国在未来世界经济发展过程中将起到越来越重要的作用。我国 2001—2010 年国内生产总值总量详见图 3-1。

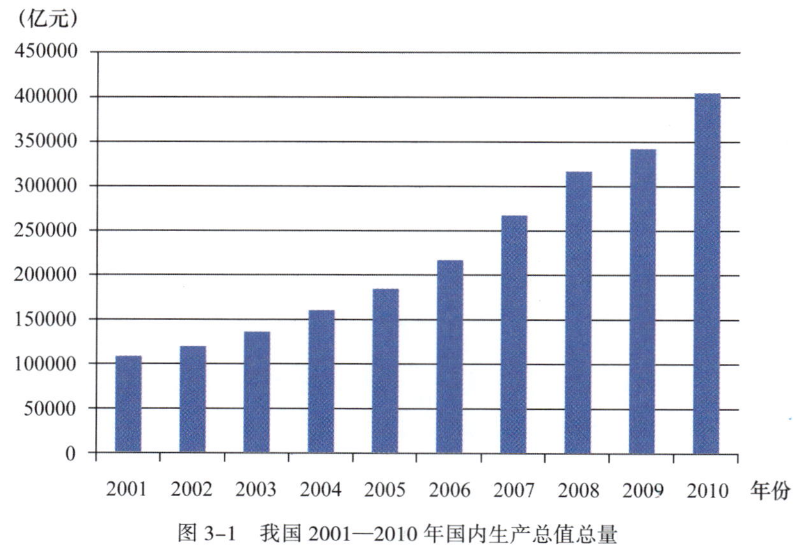

图 3-1 我国 2001—2010 年国内生产总值总量

我国经济的快速发展，将加快经济圈的形成，逐步提高大城市的经济辐射能力和带动能力。目前，已经形成了长三角、珠三角、京津冀、成渝经济圈以及长株潭城市群等。经济总量规模较大的长三角经济圈，2010 年地区生产总值达到 8.6 万亿元，“十一五”期间，年均增长达到 15.8%；京津冀和珠三角经济圈经济规模也在不断地扩大中，2010 年地区生产总值分别达到 4.3 万亿元和 3.7 万亿元，“十一五”期间年均增长分别达到 16.1% 和 14.6%；在全国各大经济圈快速发展的过程中，长株潭城市群的发展显得尤为瞩目，其 2010 年地区生产总值达到 6716 亿元，比 2006 年翻了一番，年均增长达到了 21%，是未来发展潜力较大的地区之一。京津冀、长三角等经济圈历年地区生产总值总量详见图 3-2。

汽车租赁业的发展与地区经济发展水平密切相关，经济发达地区汽车租赁市场需求更加旺盛，发展水平更高。2010 年北京、上海、广州、深圳四城市的汽车租赁收入占全国市场总收入的一半以上。

（二）居民可支配收入

我国居民收入水平呈不断提高的发展趋势。2001 年城镇居民人均可支配收入为 6859 元，到 2005 年达到了 10493 元，“十五”期间年均增

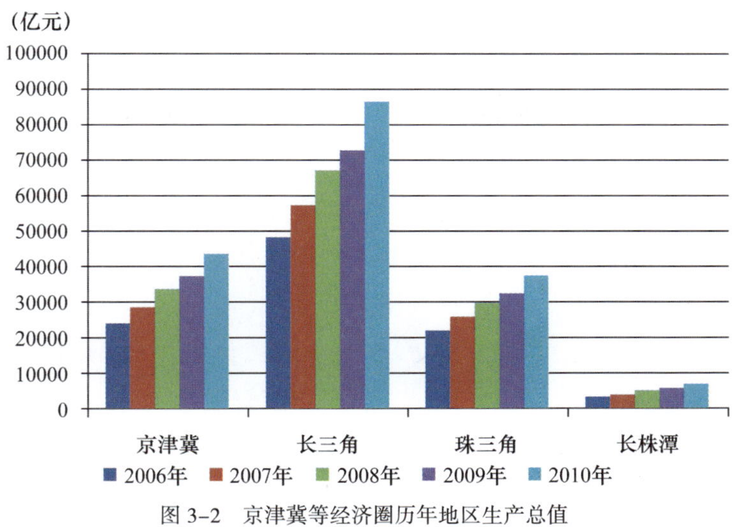

图 3-2　京津冀等经济圈历年地区生产总值

长为 11.2%；2006—2010 年城镇居民人均可支配收入增长迅猛，2010 年达到 19109 元，年均增长达到了 13%，人民生活水平持续提高。居民储蓄水平和消费能力的提高为汽车租赁业发展提供了向上拓展的空间。历年城镇居民家庭人均可支配收入详见图 3-3。

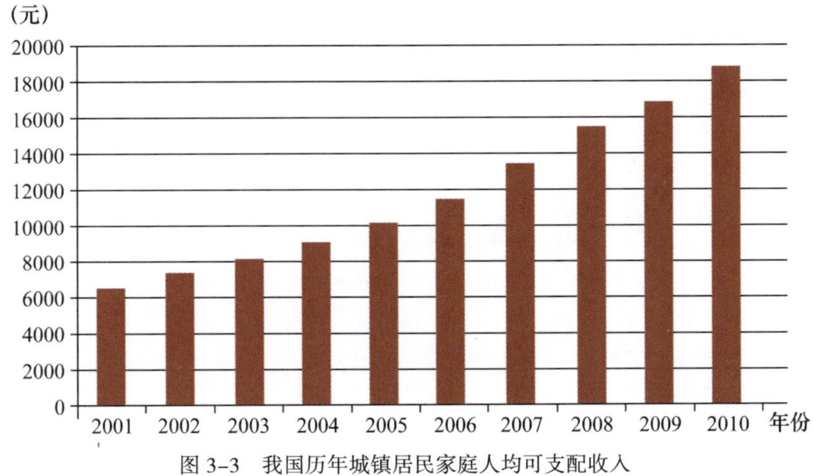

图 3-3　我国历年城镇居民家庭人均可支配收入

据统计资料表明，北京、上海、广州、深圳等城市以及经济发达地区的居民消费水平和能力相对较高。2010 年的城镇居民消费水平，北京为 27071 元、天津为 20466 元、上海为 34588 元，浙江、广东两省的城镇居民消费水平也超过了 20000 元。居民消费水平的大幅度提升为汽车租赁业的发展奠定了坚实的物质基础，这也是北京、上海、广州、深圳等城市汽车租赁业较为繁荣的重要原因。

二、城市化发展进程

目前，我国城镇化进程进一步加快，城乡、区域一体化迅速推进。“十二五”期间，我国城镇化率将超过50%，区域经济的特点将进一步显现。

据统计，2001年，我国城镇化率仅为38%，通过“十五”期间大力推进城市进程策略的实施，到2005年，城镇化率比2001年提高了4个百分点，达到了42%。“十一五”期间，随着城乡客运一体化发展进程的加快，城镇化率由2006年的44%提高至2010年的50%，城镇化水平有了较大幅度提升。2001—2010年城镇化率变化情况详见图3-4。

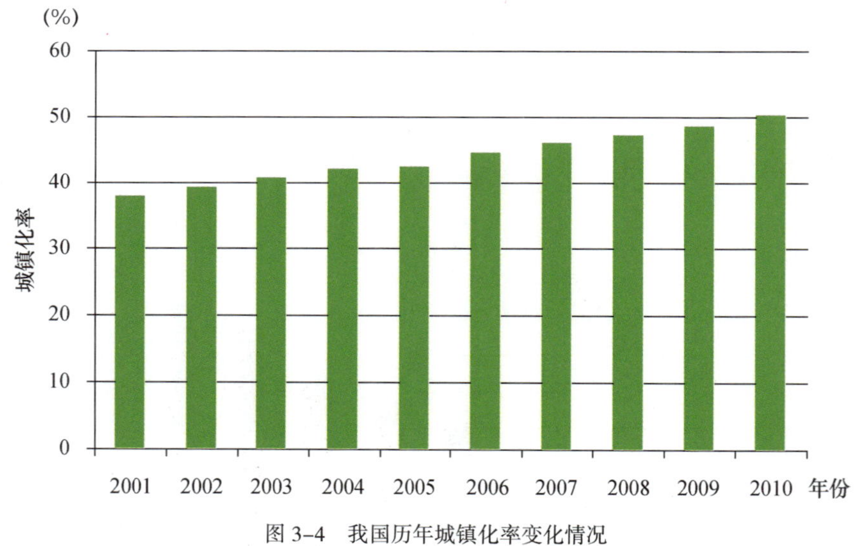

图3-4　我国历年城镇化率变化情况

城镇化的快速推进，将对交通带来以下重要影响：

（1）出行频率明显提高；

（2）休闲性出行频率将大幅提高，甚至超过商务出行；

（3）城市内、城乡间和城镇化地带的城际交流、商务出行、通勤交通等更为频繁；

（4）节假日长途集中往返客流、城镇密集区的短途客流、区域自驾出行等的规模将越来越大；

（5）人们对出行安全性、舒适性和便捷性将提出更高的要求，会更加强调个性化和机动化。

这些变化，将为汽车租赁业的发展提供巨大机遇。

三、交通基础设施建设

国家已经制定颁布《国家高速公路网规划》、《国家公路运输枢纽布局规划》、《全国民用机场布局规划》等。随着这些规划的实施，交通基础设施将更加完善，不断加快建立全国的公路网和航空运输网。

（一）公路网及枢纽规划

截至2010年年底，全国公路总里程已超过400万公里，其中高速公路通车里程为7.4万公里。按照国家公路网规划，到2020年，全国二级以上高等级公路将达65万公里，高速公路将达10万公里。

国家高速公路网采用放射线与纵横网格相结合的布局方案，由7条首都放射线、9条南北纵线和18条东西横线组成，简称为“7918”网，总规模约8.5万公里，其中主线6.8万公里，地区环线、联络线等其他路线约1.7万公里。规划总体上贯彻了“东部加密、中部成网、西部连通”的布局思路，建成后可以在全国范围内形成“首都连接省会、省会彼此相通、连接主要地市、服务全国城乡”的高速公路网络。

随着《国家公路运输枢纽布局规划》的实施，公路客运站场建设也将加快推进，将逐步建设多个大型客运站。国家公路运输枢纽是位于重要节点城市的国家级道路运输中心，由客运枢纽站场（图3–5）和货运枢纽站场（图3–6）组成，与国家高速公路网共同构成国家最高层次的道路运输基础设施网络。国家公路运输枢纽布局覆盖直辖市、省会城市、计划单列市、特大城市及重要节点城市，构建跨区域和省际间的快速客货运输系统；覆盖主要港口、大中型枢纽机场及重要的铁路枢纽，完善综合交通运输体系；覆盖重要的国家开放口岸、国家级经济技术开发区、AAAA级旅游景点城市以及区域性的客货集散地，构建国家道路运输网络。

国家公路运输枢纽总数为179个，其中12个为组合枢纽，共计196个城市。公路交通基础设施快速发展，以国家公路运输枢纽为中心的地区间经济往来更加密切，人民群众出行意愿更加强烈，出行频率相应增加，为汽车租赁的发展创造了良好的条件。

图3-5　客运枢纽站场

图3-6　货运枢纽站场

（二）民用机场布局规划

民用机场布局规划和建设，将带动航空运输业的快速发展，为航空运输提高客运供给能力提供基础设施保障。《全国民用机场布局规划》的布局方案重点培育国际枢纽、区域中心和门户机场，完善干线机场功能，适度增加支线机场布点，构筑规模适当、结构合理、功能完善的北方、华东、中南、西南、西北五大区域机场群。通过新增布点机场的分期建设和既有机场的改扩建，以及各区域内航空资源的有效整合，机场群整体功能实现枢纽、干线和支线有机衔接，客、货航空运输全面协调，大、中、小规模合理的发展格局，并与铁路、公路、水运以及相关城市交通、汽车租赁等相衔接，完善集疏运系统。到2020年，布局规划民用机场总数达244个，其中新增机场97个。图3-7为全国民用机场布局规划情况。

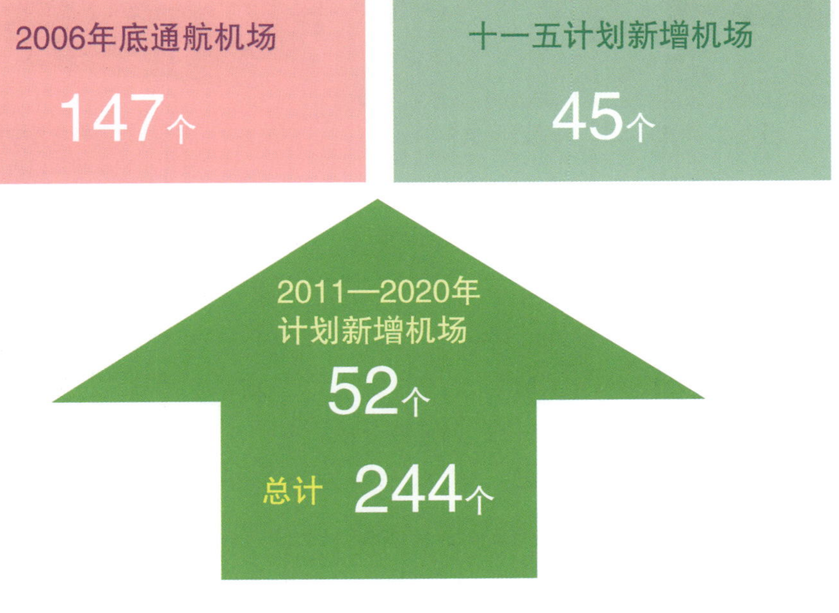

图3-7　全国民用机场布局规划情况

民用机场设施建设的进一步完善，将为旅客出行创造更大的便利，也能带动汽车租赁业的发展。由于机场多远离市区，落地客流量很大，往往为汽车租赁带来巨大的需求。如在美国纽约市排名第二的约瓦克机场，停车场附近聚集了安飞士、赫兹等多家汽车租赁公司的门店，可以停放数千辆租赁汽车，图 3-8 为纽约纽瓦克机场汽车租赁停车场。图片拍摄于租赁业务旺季，租赁汽车大量外租，停车场待租车辆较少。

由于机场场地紧张、费用高，美国多数机场汽车租赁的门店设在离机场几公里的地方，如安飞士、赫兹等汽车租赁企业将门店设置在约瓦克机场的轻轨停靠站附近。图 3-9 为设置在纽瓦克机场轻轨停靠站出口的汽车租赁门店。

图 3-8　纽约约瓦克机场汽车租赁停车场

图 3-9　约瓦克机场轻轨停靠站出口的安飞士汽车租赁门店

部分汽车租赁公司还为客户提供专门的接送巴士（Shuttle Bus），客户在机场柜台办理初步登记手续后，由汽车租赁公司的接送巴士接送到机场门店，再签订合同、缴纳费用、交接车辆。客户租赁完毕后，到机场门店还车，再乘汽车租赁公司的接送巴士到机场候机楼乘机。接送巴士最高频率为每 5 分钟一班。在波士顿机场，几乎所有大品牌汽车租赁企业都有接送客户的班车。图 3-10 为赫兹公司在机场的柜台，图 3-11 是赫兹公司在机场为汽车租赁客户提供到停车场的摆渡巴士。

在安特普利斯公司的圣路易斯机场汽车租赁门店，95% 客户都会提前预约，淡旺季租赁业务的波动范围在 900 ～ 1200 辆之间，汽车租赁

图 3-10　赫兹汽车租赁公司的机场柜台

图 3-11　赫兹汽车租赁公司在机场提供的摆渡巴士

率接近 100%。该门店共有业务人员 22 人、后勤人员 10 人、专门接送巴士的驾驶员 15 人，接送巴士 7 辆，75% 的客户是机场的旅客。该门店内设有加油站、洗车房、简单维修设备，业务人员在车辆旁边使用手持电脑读取数据库中的有关合同信息，仅需几分钟便可打印出结算单，客户凭此单到前台结账。同时，业务人员在门店可检修车辆，为车辆加油、清洁。

四、生活方式及消费习惯

（一）假日租车旅游

近年来，随着国民收入水平的不断提高，城乡居民生活水平也逐步提高，旅游人数呈逐年上升趋势。2006 年，国内旅游人数为 14 亿人次，到 2010 年，快速增长为 21 亿人次，比 2006 年提高了 51%，年均增长达到 10.8%。其中，休闲旅游不断增多，而假日租车旅游正在成为一种时尚。我国历年国内旅游人次详见图 3-12。

我国旅游业的发展，增加了汽车租赁的需求。因为，汽车租赁能够适应旅游季节性、享受性等特点的要求，满足旅游者的个性化需要，特别是中短途的观光休闲旅游线路，汽车租赁更具有明显优势，旅游者可以在游览目的地周围随意往返，自由安排行程。此外，旅游者由出发地到达目的地的交通运输过程，可以省去由几种运输方式分工协作完成的过程，使旅游者的行程自由灵活，不受公路、铁路等运输方式定点发车

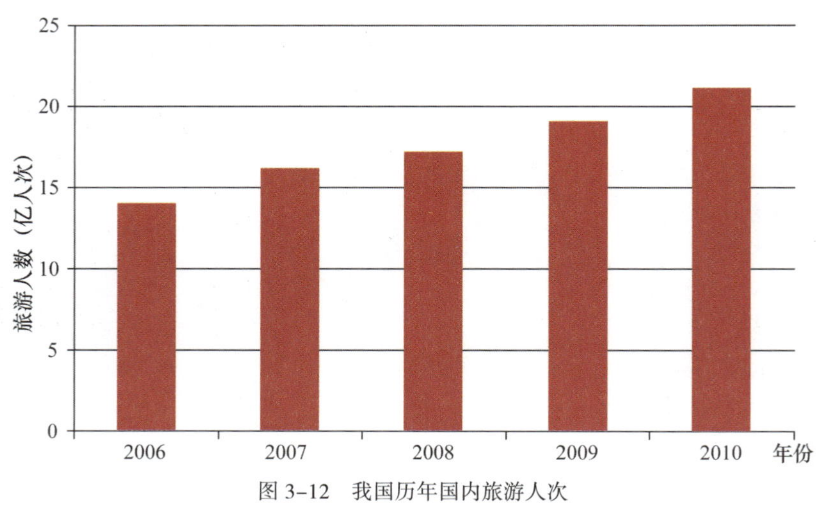

图 3–12　我国历年国内旅游人次

的时间限制。随着休假制度的改革、消费观念的变化和交通条件的普遍改善，未来旅游不再局限于以饱览风景名胜、参观文物古迹等为目的的传统项目，而将大量增加以感受民风民俗、品尝风味小吃等为主的休闲旅游。短途旅游、观光旅游、自驾车旅游将成为旅游业新的经济增长点，这必将为汽车租赁的发展提供无限商机。在国外发达国家，租赁小汽车或者房车到外地休闲旅游非常普遍，今后随着我国居民收入的不断增加，这类旅游消费也将大幅增多。图 3–13 为国外租赁的休闲度假的汽车。

图 3–13　国外租赁的休闲度假的汽车

随着我国经济社会的快速发展，来我国旅游的外国人数量也将不断增长。2010 年，来我国旅游的外国人数达到 2613 万人次，其中观光休闲的人数为 1238 万人次，所占比例为 47%；会议商务的人数为 620 万人次，所占比重为 24%；来华工作的外籍人员为 246 万人次，所占比重为 10%；探亲访友的人数为 9 万人次，所占比重较小，不到 1%；其他出行目的的人数为 499 万人次，占 19%。在不同的旅游者结构中，观光休闲的旅游者人数增长较快，由于国外的汽车租赁业发展较为成熟，国外旅游者相比国内旅游者，更习惯于选择租赁汽车自由安排旅游行程，这将增加对汽车租赁业的需求。我国 2010 年外国人入境旅游者结构图详见图 3-14。

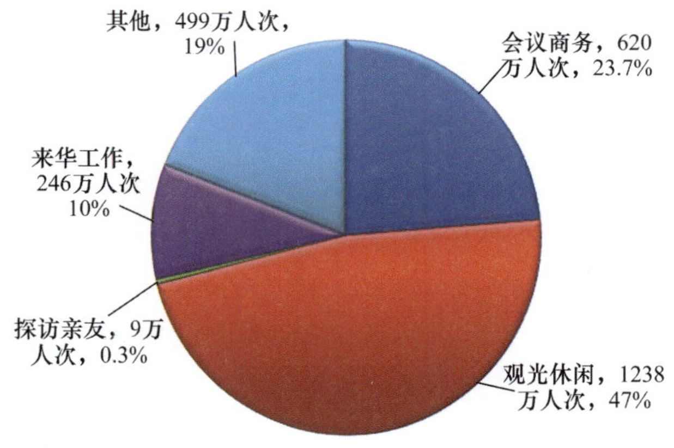

图 3-14　我国 2010 年外国人入境旅游者结构图

（二）拥有驾驶证人数

2006 年，我国取得汽车驾驶证的人数为 9317 万人，到 2010 年迅速增长为 1.5 亿人，年均增长 12.9%。民用机动车保有量 2010 年达到 7801 万辆，“十一五”期间年均增长 20.5%。其中，尤其是载客汽车增长迅猛，由 2006 年的 2619 万辆增长到 2010 年的 6124 万辆，年均增长 23.7%。随着人们生活条件的进一步改善，未来新增的机动车驾驶员人数将会保持较高的增长速度，全国汽车驾驶员数量远远超过了民用汽车的保有量，形成了大批有证无车一族，这将成为汽车租赁业巨大的潜在客户。此外，随着国际上成品油价格的不断升高，消费用车成本不断增加，汽车租赁将更加被消费者关注，消费者可能不再追求自己必须拥有汽车。我国历年汽车驾驶员数量与民用汽车保有量详见图 3-15。

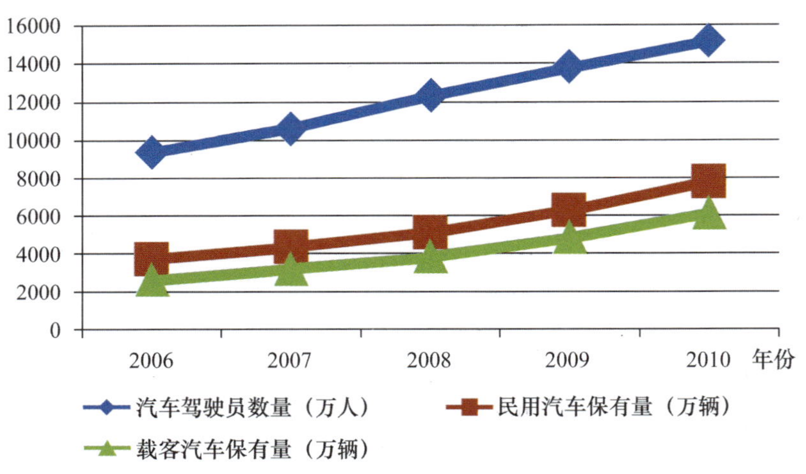

图 3-15　我国历年汽车驾驶员人数、民用汽车及载客汽车保有量

（三）舒适生活理念

随着人们生活水平的提高，人们对生活质量和品质要求越来越高，特别是汽车进入家庭，以私人交通为主的出行方式越来越普遍，人们对汽车的依赖性正逐渐加强。当在异地或者自有车辆使用受到限制时，人们更倾向于租赁汽车使用。因此，随着生活理念的转变，人们对汽车租赁需求将会逐步增加。

（四）低碳生活方式

我国城市人口高度密集，城市车辆保有量不断提高，城市容纳程度有限。尽管目前来看，私家车进入百姓家是一种必然的趋势，但是对城市环境来说，汽车的普及将对城市交通带来越来越大的压力。根据北京市第三次交通综合调查结果显示，每辆小汽车日均使用次数为 3.16 次，这与2000年相比，虽然变化不大，但车辆保有量的快速增长，使城市交通压力越来越大。而且每次平均载客率却仅为1.26人，空驶率比2000年又有所增加。在我国的许多城市中，相当多的机动车出行距离在6公里以内，不仅浪费了资源，还增加了城市交通拥堵。随着节能减排工作的进一步推进，低碳的生活方式开始被越来越多的人所接受，一部分人的消费习惯也随之改变，私家车过度使用的现象将有所下降。今后，一部分拥有机动车驾驶证的人，可能放弃自己的购车计划，而转向租赁汽车使用。

（五）企业管理理念

随着我国企业经营管理水平的不断提升，经营管理的理念也正在逐步改变，经营管理的重点将被放在核心业务上。目前，我国的一些企业已经不再购买小汽车，而将企业车队管理进行外包，以实现成本的最低化。企业车队外包，主要是将车队管理交由汽车租赁企业，由汽车租赁企业提供对车辆的管理、维护、保险理赔等。特别是，国外企业进入我国后，其用车模式多倾向于租赁汽车而不是购买自有车辆。企业车辆管理外包，最大的优势是降低了企业管理成本，包括车辆成本、人员工资、管理成本以及维护、维修、燃油消耗等费用。因此，企业经营管理理念的变化，将会增加长期汽车租赁的需求。

（六）公务用车制度

目前，国家正在推进公务用车制度改革。改革主要有三种做法：一是对车辆的购置、维修、使用实行规范化管理；二是用车分配货币化；三是公车服务市场化。公务用车制度改革后，将为未来汽车租赁业的发展提供巨大的潜力，汽车租赁也可以为政府机关提供优质的服务。目前，部分地方政府已经着手通过汽车租赁替代公务用车采购进行公务车改革，北京市已发布《北京市市级行政事业单位2012年度车辆租赁定点服务政府采购项目招标公告》，目前已经完成了招投标工作，并公布了中标结果，其中包含汽车租赁。

专栏 3-1

北京市市级行政事业单位 2012 年度车辆租赁定点服务政府采购项目招标公告（节选）

项目名称：北京市市级行政事业单位 2012 年度车辆租赁定点服务政府采购项目

招标范围及形式：国内公开招标

集中采购机构全称：北京市政府采购中心

招标内容：本次车辆租赁定点服务招标共分两包，具体分包及选择中标供应商数量如下：

第一包：汽车租赁服务≤ 60 家

第二包：包车客运服务≤ 15 家

注：投标人不能同时投第一包和第二包。

对投标人的资格要求：

1. 投标函；

2. 法人营业执照；

如投标人是在北京市行政区域外注册的企业，还须提供在北京市行政区域内设立分公司的工商登记文件；

其他组织参与投标，须提供：上级法人单位针对本项目的授权委托书；上级法人单位的企业法人营业执照或事业单位法人证书等能够证明投标人法人资格的有效证明文件；投标人营业执照；

3. 税务登记证；

4. 第一包：北京市交通委员会运输管理局颁发的汽车租赁经营备案证；

第二包：北京市交通委员会运输管理局颁发的道路运输经营许可证；

5. 法定代表人授权书；

6. 投标人的资信证明：会计师事务所出具的上一年度财务审计

报告或银行出具的有效资信证明；

7. 投标人资格声明；

8. 社会保障资金缴纳记录；

9. 参加本次政府采购活动前三年内，在经营活动中没有重大违法记录的声明；

评标方法和标准：

本项目评标采用综合评分法。各包满分均总计100分，其中价格（按优惠比例）10分；企业综合实力40分；安全服务水平45分；对招标文件的响应程度5分。按评审后得分由高到低顺序排列。得分相同的，按优惠比例打分由高到低顺序排列，得分与优惠比例打分均相同的，按企业综合实力打分由高到低排列，得分、优惠比例打分与企业综合实力打分均相同的，按服务水平打分由高到低排序。

五、大型赛事及活动

随着我国综合国力的不断增强，举办国内、国际重大活动的能力也越来越高。近年来，我国举办了一些有重大影响的大型活动，如2008年北京奥运会、2010年上海世博会、第16届广州亚运会等。在举办各种大型赛事和活动过程中，如何做好交通运输保障工作十分重要，而汽车租赁可以承担相应的交通保障任务并在其中发挥重要作用。如在2008年北京奥运会期间，北京的汽车租赁企业承担了一部分交通保障任务，并圆满完成。

第二节　市场环境

市场环境是企业生存和发展的微观环境，是影响汽车租赁企业经营的重要因素。市场环境包括目标市场的环境分析、市场的竞争环境分析以及与汽车租赁相关的信用体系的发展环境等。通过市场环境分析可为企业经营决策提供参考。

一、目标市场环境分析

目标市场的环境分析首要是对具有较好前景的地区进行选择，其次是对选定区域内的汽车租赁市场进行细分，从中选择符合投资方发展策略、经营模式的用户群。

（一）地域分析

城镇化的发展，使城市人口增多，居民收入增加，同时人们的休闲时间也有所增加，这将促进城市消费持续增长，从而实现消费结构升级，成为我国内需稳定增长的最大动力。长远来看，我国未来的城市化进程将在发挥大城市辐射带动作用的基础上，更加注重积极发展中小城市，完善区域中心城市功能，实现大中小城市协调发展。因此，广大中小城市汽车租赁发展条件也在逐步完善，并具备广阔的发展空间。

汽车租赁业作为一种新兴的出行消费方式、新的融资服务形式、新的汽车营销方式，将随着工业化与城镇化的不断推进而迎来一个大的发展机遇。特别是北京、上海、广州、深圳等城市人均国民总收入已达到8000美元，按照世界银行标准已确认进入世界中等收入国家的行列。全国以长三角、环渤海、珠三角为核心的城市群，已具备了中等收入国家的汽车租赁消费水平和能力，不仅如此，随着中小城市经济发展与人民生活水平的迅速提高，汽车租赁市场也极具发展潜力。

（二）经营业务分析

据统计，近十年来，国外机场的汽车租赁业务增长迅猛，部分发达地区的机场汽车租赁营业额占总营业额的比重已超过50%。从业务类型来看，休闲、商务租赁营业额也有较大幅度的提高。机场汽车租赁、商务汽车租赁、休闲汽车租赁在汽车租赁业务中占有相当重要的地位，并且呈稳步上升趋势。

在我国社会经济、汽车工业等相关外部环境不断发展过程中，在相关汽车租赁的法律法规不断完善的前提下，在社会信用体系的建设不断推进的情况下，最具有发展前景的汽车租赁市场包括以下四种。

1. 商务用车租赁

商务用车租赁是指直接用于企事业单位的用车。商务用车租赁大多属于长期租赁，因其具有租期比较长、风险较低、收益比较稳定的特点，一直占据我国汽车租赁市场的主导地位，其市场份额比例约在60%以上，商务用车租赁的对象主要为外资企业、国内大中型企业以及政府机关和事业单位等。

商务用车租赁发展较快，主要有以下原因：

（1）随着全球经济一体化进程的推进及我国社会经济保持持续、稳定、快速的发展，中国经济在全球经济体系中的地位在不断提升，国内各个经济发展圈的外资投资规模继续保持增长的趋势，进入到中国的外商企业越来越多，各城市和经济区域间的商务活动也越来越频繁，这使得汽车租赁的市场需求不断增大。

（2）许多国内的中小企业在市场竞争不断加剧的情况下，采用租车方式降低企业运营成本，以减轻流动资金压力，同时将企业的车队管理进行外包后，可以更加专注于核心业务，以提高企业的市场竞争力。

（3）我国近几年会展业的快速发展，使各区域中心城市、各产业聚集区域等的大型会议、展览的举办频次越来越高，使专门服务于会展经济的汽车租赁市场空间不断扩大，临时性的商务租车需求比例在不断提升。

2. 休闲用车租赁

随着经济水平的不断提高，居民收入也在不断增加，整个社会消费结构得以升级，居民年均出行次数逐年提高，休闲自助旅游逐步成为旅游的一种重要模式。为满足休闲自助旅游需要，汽车租赁方式正逐步被大多数旅行者认可。从这点上看，旅游业的发展将会推动汽车租赁消费市场需求的扩张。同时，由于汽车租赁使用较为方便，只需缴纳租金即可，不考虑车辆年检、保险、维护等其他方面，适应了一部分人的生活方式，这也使得个人短期汽车租赁市场会有较大的发展空间。

3. 公务用车租赁

公务车制度改革在全国范围内的推行，将逐步取消使用公务车，这使得原来政府机关、事业单位拥有的后勤车辆将会逐步走向市场。政府机关和事业单位在公务车制度改革后产生的用车需求，有很大一部分可能转化为由汽车租赁市场来满足。这将会进一步推动汽车租赁业的发展。

4. 汽车共享租赁

汽车共享租车是新兴的汽车租赁服务模式，是一种以会员制为基础，以小时为租期单位的自助式短期汽车租赁服务。美国吉普卡公司为汽车共享租车服务的典型代表。会员直接通过网上注册，1～2个工作日内收到会员卡，可用于打开租赁汽车门锁。车辆起动后车内的计时系统开始工作，客户将车还到指定地点后，租赁公司从会员的信用卡内扣款。租赁站点多设在居民区或者办公区，其最大的特点是租车费用定期结算，租车、还车通过专业技术手段自助完成，不必面对面办理业务。图 3-16 为国外汽车共享租赁设于校园内的站点。

图 3-16　国外汽车共享租赁设于校园内的站点

由于汽车共享租赁具有提高资源利用率、降低城市交通拥挤、减少环境污染等方面作用，汽车发展水平比较高的国家都大力推行汽车共享租赁计划。例如，日本欧力士汽车租赁公司在全世界共有租赁车辆约 80 万辆，是日本最大的汽车租赁企业。该公司的业务包括长期汽车租赁、短期汽车租赁、汽车共享租赁，除了828个短期汽车租赁业务站点和57个长期汽车租赁站点外，还有196个汽车共享租赁站点。该公司可以为会员提供15分钟为租期单位的汽车共享租赁服务，这也是欧力士新的汽车租赁业务之一。

汽车共享租赁作为一种先进的经营理念，近年来已逐渐为国内市场所接受并看好。如杭州车网电动汽车租赁公司2011年陆续在浙江大学科技园、赛博创业工场、阿里巴巴滨江园区、浙江传媒学院和兰庭国际公寓设立了5个租车点，面向各租车点服务区内的客户提供“分时自助”租车服务。该公司投入数十辆Smart、MG3、熊猫AT、比亚迪F3DM等节能车辆，作为汽车共享租赁车辆，这些车辆可通过该公司的“分时自助租赁平台”进行日常管理。该公司的汽车共享租赁因价格低廉、使用方便而受到很多人的欢迎，例如熊猫AT车辆租赁费用最低时仅19元/小时。图3-17为汽车共享租赁站点及车内的触摸式操作系统。大众汽车租赁公司、嘟嘟快捷租车公司等也开始了汽车共享租赁的尝试。

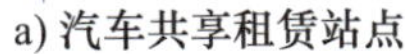

a) 汽车共享租赁站点

b) 共享租赁车内的触摸式操作系统

图3-17　汽车共享租赁站点及车内触摸式操作系统

（三）客户群分析

随着我国汽车租赁业的不断发展，用户数量在不断扩大，主要分为个人用户、企事业单位用户、政府机关用户三类。

1. 个人用户

个人用户是由于个人个性化、多样化的出行需求而产生的客户群体，租赁汽车主要用于旅游、休闲、度假、探亲访友等个人活动。对汽车租赁服务的要求主要有低廉的租车价格、便捷的租车流程、完善的售后服务。个人用户租用汽车一般期限较短，是短期汽车租赁业务的主要客户。从国外汽车租赁市场发展经验看，个人租车市场具有巨大的发展潜力。

2. 企事业单位用户

企事业单位用户是由商务活动出行需求而产生的客户群体。租赁汽车主要用于员工出差、商务会议、接待等商务公务活动，或为员工配备的日常办公用车。对汽车租赁服务主要要求为，车型为中高级汽车，能够为其提供定制的特色服务，具有良好的售后服务，并且能够及时提供替代用车服务。企事业单位用户为长期汽车租赁业务的主要客户，也是短期租赁业务中商务车租赁的主要客户。汽车租赁对于企事业单位具有减少固定资产投资、提高现金流、优化财务绩效等作用，随着我国企事业单位用车观念的转变，其具有良好的市场前景。

3. 政府机关用户

政府机关用户是由于政府公务活动出行需求而产生的客户群体。租赁汽车主要用于公务人员的出差、公务接待、政府会议等公务活动用车。政府机关用户对租赁服务的要求与企事业单位用户基本相同。随着我国公务车改革的推进，政府机构车辆配置数量将呈现下降趋势，公务活动将逐渐采用租赁汽车的方式解决用车问题，这将给汽车租赁市场带来新的利润增长点。

二、市场竞争环境

（一）替代品竞争

汽车租赁业面临替代品威胁主要有以下三个方面：

（1）私家车增长。随着居民收入的不断增长，汽车价格的进一步降低，一些经济条件好的客户，可能考虑自己购车，减少使用租赁汽车。2010

年，全国城镇人口每百户拥有家用汽车为13辆，已比2009年增长了约18%。此外，如汽车租赁租车价格不断上升，使得租车比自有车辆所支出的费用不再具有明显的优势，将可能会导致一部分价格敏感型的客户不再租车。

（2）城市公共交通的优先发展。北京、上海、广州等城市的公共交通越来越完善、越来越发达，便利的城市交通方便了人们的出行，它将会分流一部分汽车租赁客户。

（3）便捷的出租汽车客运服务。出租汽车使用的便利性，会带走一部分汽车租赁客户。

（二）汽车租赁企业竞争加剧

目前，汽车租赁企业之间的竞争比较激烈，主要原因有两个方面：

（1）同质竞争。各汽车租赁企业的车数虽然有多有少，资金的实力和发展的速度不同，但所提供的产品和服务却非常雷同，个性化服务和特色服务比较少。经营的同质性使得汽车租赁企业之间竞争越发激烈，且容易诱发价格战。

（2）国外知名汽车租赁企业纷纷看好我国市场前景，不断涌入。外资企业资金雄厚、有丰富的行业经验、非常高的品牌知名度、先进的管理理念和成熟的管理体系。这些汽车租赁企业的加入，进一步加剧了我国汽车租赁市场竞争的激烈程度。

三、信用体系环境

（一）信用卡使用

目前，我国信用卡的用户量已超过5000万，增长趋势迅猛，尤其是网上支付、手机支付等多种新型支付方式的出现，带动了国内消费的快速增长。据《亚洲银行家》统计，未来10年，我国信用卡消费量每年将增长20%，到2020年，信用卡年消费量将增长至3630亿美元。信用卡的广泛使用，能够方便有效地验证客户信用信息，为满足汽车租赁需求，提升服务水平提供了可靠的信用基础，为汽车租赁的快速发展提供了良好保证。图 3-18 为汽车租赁使用信用卡支付的画面。

图 3-18　汽车租赁公司使用信用卡支付

（二）征信系统

在国外发达国家，租赁汽车流程十分便利，其中一个重要原因是拥有健全的信用制度。目前，我国信用体系尚未完善，虽然央行的个人征信系统实行了全国性的联网运行，但这一系统仍然存在覆盖面较窄、数据采集不完善等缺陷，尚不能支持汽车租赁企业查询个人信用记录、驾驶记录以及进行身份验证等服务。市场信用体系的不完善，影响了汽车租赁业的健康发展。

第四章　汽车租赁业发展趋势

从发达国家汽车租赁业发展经验和我国汽车租赁业发展环境来看，汽车租赁业将朝着规模化、网络化、品牌化、信息化的方向发展。汽车租赁业在发展的过程中，应注重与其他相关行业的紧密衔接，积极采用信息化先进技术，不断提升汽车租赁业服务水平。本章主要介绍国内外汽车租赁业的发展趋势。

第一节　汽车租赁规模化

目前，世界汽车租赁市场发展势头十分迅猛，汽车租赁业与其他服务行业相比，增长较快。一些汽车租赁公司从最初的小规模经营，逐步通过兼并重组，已整合发展成为汽车租赁网点遍布全球主要国家、拥有数十万辆车辆、数万名雇员的特大型跨国公司。规模化经营已成为全球汽车租赁业的发展潮流，规模化经营为汽车租赁企业带来了规模化效益。

一、汽车租赁企业兼并重组

美国汽车租赁业走的就是一条不断整合、兼并重组的发展之路。20世纪90年代前，美国汽车租赁企业多，规模也较小；90年代后，美国汽车租赁业开始兼并重组，逐步形成大的汽车租赁公司。通过重组，美国汽车租赁市场的集中度逐年上升，前五个最大汽车租赁企业所占市场份额，已从2005年的84%上升到2010年的93.9%。据统计，安特普利斯汽车租赁公司占汽车租赁市场份额的52.2%、赫兹汽车租赁公司占汽车租赁市场份额的17.8%、安飞士巴基特汽车租赁公司占汽车租赁市场份额的16.6%, 道乐汽车租赁公司和优胜公司占汽车租赁市场份额分别为6.6%和0.7%。图4-1为美国汽车租赁市场格局。

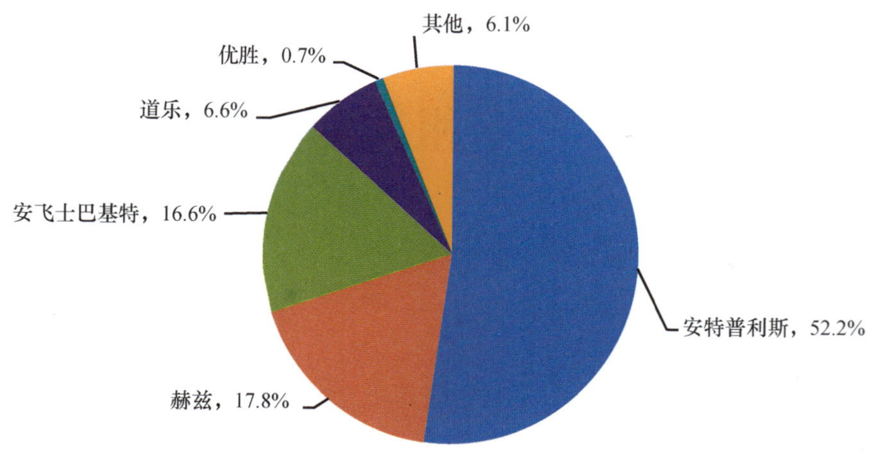

图 4-1 美国汽车租赁市场格局

二、汽车租赁市场集中度提高

据统计，美国、日本、德国、韩国和巴西的前五大汽车租赁企业业务量占全国汽车租赁市场的份额分别为 94%、82%、70%、49% 和 30%。与发达国家相比，我国的汽车租赁市场仍然处于起步阶段。截至 2011 年年底，我国有 5000 多家汽车租赁公司，其中 80% 以上的汽车租赁公司租赁车辆少于 20 辆，规模普遍偏小，我国前五大汽车租赁企业业务量占汽车租赁市场的份额仅为 11%。从国外汽车租赁业的发展历程来看，不断提高汽车租赁市场的集中度，充分发挥规模化的经营优势是汽车租赁业的发展方向。图 4-2 为各

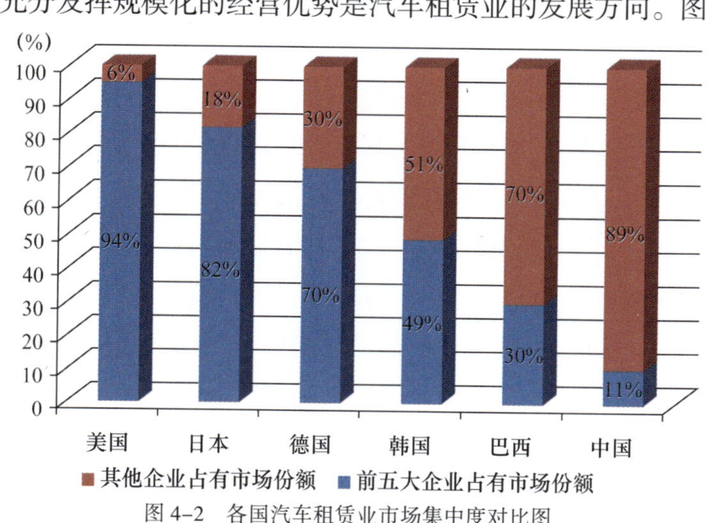

图 4-2 各国汽车租赁业市场集中度对比图

国汽车租赁业市场集中度对比图。

三、规模化经营的优势

现代经济活动的显著特征之一是利润平均化趋势扩大，包括科学技术在内的生产要素流动非常迅速。新产品、新行业核心技术的传播速度越来越快、推广的周期越来越短，因此通过垄断核心技术而获得高额利润的机会也越来越少。汽车租赁尤为如此，其主要生产资料——租赁汽车为通用产品，汽车租赁企业谋求获得具有独特功能的租赁汽车是比较困难的，即企业无法在服务或产品方面具有领先于其他竞争对手的核心技术，难以获得较高的利润率。因此，汽车租赁业只有通过规模化经营，降低单位成本，提高服务质量，才能获得规模效益。

随着我国汽车租赁市场发展的逐步成熟，我国汽车租赁业也将朝着规模化的方向发展。规模化的汽车租赁企业拥有中小企业所无法企及的竞争优势：

（1）规模化汽车租赁企业拥有中小企业所不能比拟的资金规模，这为其更新设备、加强设施建设、推广应用先进技术、吸引人才、打造品牌等提供了物质保证。

（2）规模化汽车租赁企业在规模化发展的基础上，通过先进技术和科学管理可以进行服务创新，如异地还车、电话预约、电子商务、电子货币结算等，都是中小汽车租赁企业难以做到的。

（3）规模化汽车租赁企业可以对内部各经营网点之间的业务进行合理分工，加强对车辆的调度，研究制订市场拓展策略，提高抵御风险的能力，而中小汽车租赁企业很难完全具备这些能力。

第二节　汽车租赁网络化

网络化发展是未来汽车租赁业发展的主要方向。建立全面覆盖的汽车租赁网络，使各地租赁门店共享客户资源，可以降低汽车租赁经营风险，解决租赁车辆调度问题，还能为消费者提供异地还车等便利服务。国际上大型汽车租赁企业都高度重视营业网点的网络化建设，不断扩大服务范围，建立了与现代汽车社会相适应的专业化、网络化的汽车租赁服务体系。

一、汽车租赁全球化战略

国际上大型汽车租赁企业高度重视全球发展战略。安特普利斯汽车租赁公司作为全球最大的汽车租赁企业，已经在北美、中美、南美、欧洲、中东地区建立了汽车租赁网络，网点分布情况详见图 4–3。特别是在欧洲，已经在德国、法国、西班牙、意大利、英国、波兰、罗马尼亚、乌克兰、

北美
美国（阿拉斯加、夏威夷）
加拿大
墨西哥
加勒比海地区

中美
危地马拉
洪都拉斯
萨尔瓦多
尼加拉瓜
哥斯达黎加
巴拿马

南美
哥伦比亚
秘鲁
智利
巴拉圭
阿根廷

中东
土耳其
黎巴嫩
约旦
阿曼

欧洲	
冰岛	瑞士
爱尔兰	意大利
英国	斯洛文尼亚
荷兰	罗马尼亚
比利时	塞尔维亚
德国	摩尔多瓦
瑞典	保加利亚
波兰	马其顿
乌克兰	希腊
法国	阿尔巴尼亚
西班牙	

图 4–3　安特普利斯汽车租赁公司的全球服务网点分布情况

土耳其等国家设立了公司，消费者可以在全球范围内享受该公司的汽车租赁服务。

二、我国汽车租赁企业网络拓展

近年来，我国一些规模较大的汽车租赁公司也开始不断提升网络化服务水平，已经建立覆盖北京、上海、广州等一线城市的营业网点，并已开始将服务网点推向国内二、三线城市，加快扩大服务范围，从而提供异地还车服务。图 4-4 为我国部分汽车租赁企业标志。

一嗨租车

至尊租车

首汽租车

安飞士（AVIS）

图 4-4　我国部分汽车租赁企业标志

汽车租赁的网络化发展，有利于为客户提供多方位的优质服务和产品，最终实现规模化经营的最优化和利润最大化，有利于汽车租赁企业拓展市场，扩大品牌影响力。

第三节　汽车租赁品牌化

品牌是一个企业生存与发展的灵魂。对于服务行业来说，品牌建设尤为重要。

一、汽车租赁品牌建设

国外大型汽车租赁企业高度重视品牌建设，把企业品牌当作生命，当做立企之本。如安特普利斯公司的经营信条中最重要的一条是“我们的品牌是我们拥有的最宝贵的财富”。

汽车租赁企业始终如一地坚持汽车租赁品牌，既是对企业自身的自信，也充分保护客户权益，赢得客户的信任。国外汽车租赁企业的兼并重组较为频繁，但是为了维护顾客对汽车租赁品牌的忠诚度，打造“百年老店”，绝大多数的汽车租赁企业品牌并没有随着兼并重组而消失。如赫兹汽车租赁公司自1918年创建以来，经历了多次并购活动，包括被通用汽车公司、福特汽车公司等收购，但在此过程中，赫兹汽车租赁公司作为以汽车租赁为主营业务的子公司，始终保持原有的品牌，拥有独立的运营管理层，保持着固定的客户群，从而能够在激烈的竞争中脱颖而出。国外大型汽车租赁公司也高度重视通过广告宣传扩大企业影响、塑造企业品牌，在公路两侧，汽车租赁企业的广告随处可见。图4–5为公路旁赫兹汽车租赁公司的宣传广告。

二、汽车租赁品牌宣传

随着国外汽车租赁管理理念传入我国，国外大型的汽车租赁企业也开始进入中国。我国本土的汽车租赁企业也开始注重品牌的培养，先后出现了一批较为知名的汽车租赁企业，并拥有了鲜明的标记、符号、图案和颜色等品牌要素，形成了各自的产品标识。各汽车租赁企业也非常注重市场推广和广告宣传，以树立企业的品牌、赢得客户的信任。图4–6为神州租车的宣传广告，企业通过选用具有鲜明特点的标志性颜色和统一的构图设计，达到了良好的品牌宣传和推广作用。

图 4-5　赫兹汽车租赁公司的宣传广告

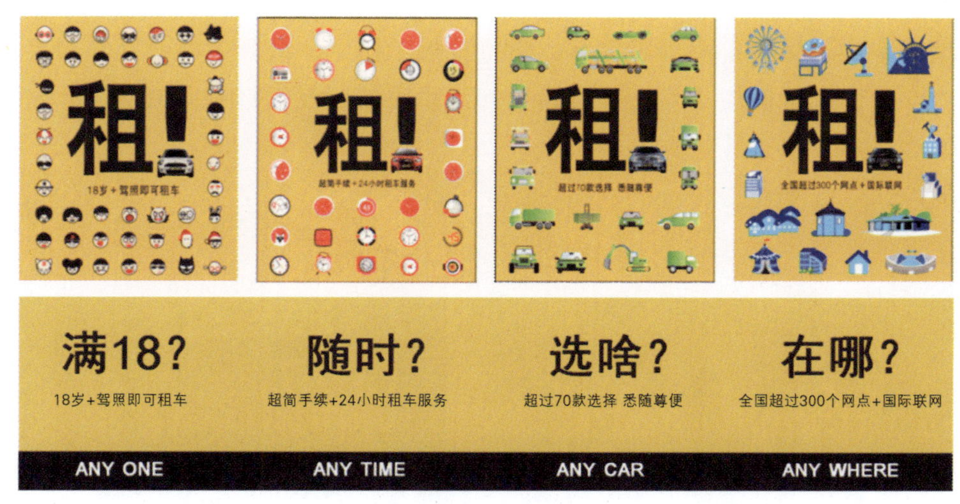

图 4-6　神州租车的宣传广告

但是，除少数汽车租赁企业外，我国绝大多数汽车租赁企业品牌意识仍需进一步提升，需要有清晰的发展战略和目标，有完善的企业发展机制，有科学合理的管理制度，不断提高服务意识和服务质量，朝着品牌化的方向发展。

第四节　汽车租赁信息化

汽车租赁公司通过电子商务技术和互联网络平台等信息化手段，可以更加高效地拓展业务，降低管理成本，实现经营业务持续、稳定增长，不断提高企业的经营管理水平和竞争能力。

一、汽车租赁呼叫中心

汽车租赁呼叫中心应具备电话应答、预约服务、车辆调度、财务结算和服务评价等功能。发达国家的大型汽车租赁企业通过建设呼叫中心，利用信息化技术和创新服务规范汽车租赁业务、提高服务水平。例如，安特普利斯汽车租赁公司在美国、加拿大共设有 3 个呼叫中心，其中位于圣路易斯的呼叫中心是最大的一个，共有 1000 多名员工，负责处理全球业务。图 4-7 为安特普利斯汽车租赁公司的呼叫中心。呼叫中心包括预订中心、保险备用车工作组、紧急救援工作组、结算中心、互联网客户评价监测及回应工作组、价格管理工作组等。仅预订中心就有 900 名

图 4-7　安特普利斯汽车租赁公司的呼叫中心

工作人员，提供24小时预订服务。呼叫中心要求对80%～90%的客户进行回访，并要求坐席90%的时间处于有效状态。目前该呼叫中心的接听效率已达业内较高水平，80%以上的电话能够在20秒内接通。呼叫中心充分利用互联网技术，安排工作人员随时浏览并记录互联网对该公司服务质量的评价及其他舆论，并通过聊天与客户进行交流沟通，通过电子邮件回复客户各种问题。救援服务工作组有60多人，每月处理300万次救援呼叫。

二、汽车租赁技术中心

信息化技术的应用是大型汽车租赁企业提升企业管理和服务水平的重要手段。安特普利斯汽车租赁公司的技术中心（图4–8）是其全球运营的核心，由两栋独立的大楼组成，一栋楼房为数据机房及地下一层的设备间（包括中央空调、UPS、电池、发电机组、磁带存储间），配备了高效的服务器，能够保证全球每年上千万次的预订及交易信息的处理。整个建筑投资8000万美元，为钢筋混凝土结构，墙体厚度超过1米，设计能抗12级地震、四级飓风，拥有强大的防火、电源、通风、冷却及容灾系统，中心7路供电，断电7分钟内可由4台大功率柴油发电机临时提供电力，装满3个房间的电池组成的备用电源系统可以保证15分钟的应急供电。另一栋大楼为技术开发人员办公大楼，安特普利斯汽车租赁公司有技术

图4–8　安特普利斯汽车租赁公司的技术中心

人员 1200 名，负责开发和维护公司的业务系统和企业数据库。安特普利斯汽车租赁公司全球的门店系统、呼叫中心系统及网站都实时连接到数据中心。中心的硬件系统由国际知名企业提供，软件系统由公司自行开发，仅编程人员就超过 1000 人。安特普利斯汽车租赁公司凭借高性能、高可靠性的软、硬件系统，通过互联网为世界各地客户提供方便快捷的租车服务，同时也为汽车租赁的管理及救援、保险、维修等租后服务提供了基础保障。

三、汽车租赁信息技术

汽车租赁企业可以通过推广使用全球定位系统、车辆 IC 智能卡管理系统、区域间联网电话租车系统、网上租车系统等，推动汽车租赁业向网络化、智能化、数字化方向发展。在汽车租赁业推广使用信息化技术，能够有效提高租车的便捷性，提升汽车租赁的服务水平。如赫兹汽车租赁公司的纽约约瓦克机场门店，共有 2500 多辆租赁汽车，用车高峰为 1700 ～ 1800 辆 / 天，但工作依然井然有序。客户进店即可看到第一俱乐部金牌会员（1Club Gold 会员，通过注册即可获得网上预订权的无价格优惠的会员）取车信息的电子看板（图 4–9），客户根据标识指引取车，车

图 4–9　赫兹汽车租赁公司第一俱乐部金牌会员取车信息电子看板

钥匙通常已置于车内，油箱为加满状态。

客户还车时，工作人员用手持电脑扫描车窗上的条码，获取系统中传来的车辆及客户信息后，手动输入公里数、油量及其他信息，然后直接打印收据，完成还车手续，系统会自动从客户信用卡中扣款。柜台旁还设有自助式设备，已下订单的客户到店后直接通过该设备扫描驾驶证并打印租车单，然后按相关信息在停车场自助取车。还车时，客户扫描驾驶证并在自助还车机上完成还车手续，可将钥匙留在车内或放入营业厅的钥匙箱内。网上预订方式能够让企业及时、合理地调配车辆，提高车辆周转效率，往往租赁价格也更为优惠。图 4–10 为赫兹汽车租赁公司的自助取车、还车设备。

图 4–10　赫兹汽车租赁公司自助取车、还车设备

第五章　汽车租赁经营

开展汽车租赁经营应当对汽车租赁市场进行划分，确定要开展的服务类型，并选择适当的经营网络扩展方式和经营模式。本章主要分析汽车租赁市场的分类，介绍不同类型所对应的客户群体、服务特点，以及如何确定汽车租赁企业市场定位，确定适合企业发展的网络扩张模式和经营模式。

第一节　汽车租赁市场划分

按照租车时间的不同，我国汽车租赁市场可以划分为短期汽车租赁市场和长期汽车租赁市场。短期汽车租赁市场和长期汽车租赁市场的客户群体、用户需求及服务特点以及市场影响因素有所不同。

一、短期汽车租赁市场

（一）客户群体

短期汽车租赁主要针对客户的临时性用车需求，如短期出差、旅游、公务和商务活动等，租期通常以小时、天为租期单位。短期汽车租赁满足的主要需求包括：①休闲旅游、探亲访友等出行需求；②短期差旅的出行需求；③企业临时性用车需求等。

随着生活水平的提高，越来越多的消费者选择自驾车出行，如休闲旅游、探亲访友等。这给短期汽车租赁市场带来了巨大商机。特别是近年来，随着驾驶技能的快速普及，许多人取得了机动车驾驶证，其中一部分人虽然暂时没有购买车辆，但希望能够享受驾车出行的便利，这对短期汽车租赁有着强烈的、持续性的需求。此外，随着我国保险和汽车维修行业服务水平的不断提升，当客户车辆发生事故进行保险理赔或车辆维修时，部分保险公司或汽车维修公司可以为顾客提供短期的替代性用车服务，这也为短期租赁市场带来了部分需求。在国外，用租赁汽车作为替代性用车的情况已经非常普遍，例如美国的保险公司通常会与汽车租赁公司合作为用户提供的替代车服务。

专栏 5-1

美国的替代车服务

在美国，保险公司通常是和一家或几家汽车租赁公司达成协议，为客户提供替代车服务。和保险公司相比，汽车租赁公司拥有完善的基础设施、大量汽车和专业人员，由专业汽车租赁公司提供替代车可以以更低的成本、更高的效率为投保人服务。在替代车费用方面，由保险公司和修理厂共同分担的，以保险公司承担为主，修理厂只需要修车，而不用去负担庞大的、不直接产生收益的替代车队。

（二）需求特点

短期汽车租赁市场用户的需求特点，主要体现在以下三个方面：

（1）要求租还车手续方便快捷。由于短期租赁服务的对象主要为个人用车，多属于临时性的休闲旅游和短途商务出行。因此，用户希望能够在较短的时间内到达租赁网点，并且能够在车辆使用结束后较为方便地将车辆归还。在短期汽车租赁经营中，汽车租赁企业应当注重租车、还车手续的便捷性，并不断扩大服务网络的覆盖面，不断优化服务流程，以提高服务的便捷性。

（2）要求租车价格相对低廉。爱好休闲旅游的租车客户，很大部分是虽拥有驾照但是暂时没有购车，或者是认为租车比购车更经济实惠的消费者。与发达国家相比，我国汽车租赁的消费人群对租车消费价格高度敏感。从调查的情况看，日租金在200元以下的经济型车型，租赁需求十分强烈。这要求汽车租赁企业不断优化经营环节，统筹考虑从新车购置到旧车处置的各个环节，降低经营管理成本，为消费者提供更为经济实惠的租车价格。

（3）要求提供多种租赁车型。在汽车租赁的用户中，还存在部分特殊需求的顾客，如需要婚庆租车、野外探险租车、旅游房车租车等。这种类型的车辆售价较高，消费者通过租赁可满足短时期的用车需求。例如，美国、加拿大等地旅游旺季时，旅游房车的租赁需求较多。图 5-1 为加拿大的旅游房车租赁服务。我国西藏、新疆等路况条件较差的旅游区，在汽车租赁经营中，则需要配置规格较高的越野车。

图 5-1　加拿大的旅游房车租赁服务

（三）服务特点

短期汽车租赁服务具有以下特点：

（1）网点分布广泛。以短期汽车租赁为主营业务的汽车租赁企业，一般实行网络化经营，网点能覆盖全国大部分地区，可实现异地租车、还车，方便顾客租用。而在机场、火车站等大型交通枢纽以及商务区、居民区等重点区域，短期汽车租赁企业一般也设置了汽车租赁门店，能够为客户提供方便快捷的租车服务。

（2）用户群体多元。短期汽车租赁市场所使用的车辆，面向所有用户开放，对承租人从事的职业、身份等没有任何限制。短期汽车租赁的价格便宜、门槛较低，用户可根据自己的消费偏好和使用习惯选择合适的车型。

（3）业务流程标准。由于短期汽车租赁市场对服务的方便性、快捷性要求较高，其租赁的过程必须实行标准化业务流程。汽车租赁企业对所有用户提供的应是统一的租车、还车服务规范，租金应对外统一公布，一般不协商议价。

二、长期汽车租赁市场

（一）客户群体

长期汽车租赁的客户群体主要是政府机关、企事业单位。长期汽车租赁的租期一般在 3 个月以上。对于汽车租赁公司而言，长期租赁业务具有风险低、现金回流稳定的特点。

（二）需求特点

长期汽车租赁市场用户的需求特点，主要体现在以下三个方面：

（1）要求提供专业化的车队管理。很多长期汽车租赁用户将单位车队进行了外包委托管理，需要汽车租赁公司为其提供专业化的车队管理，汽车租赁公司应针对企业不同的业务特点，设计合理的车队组织、管理方案。

（2）要求提供综合服务项目。长期汽车租赁用户一般要求汽车租赁公司提供保险、维修、救援等综合服务项目，从而减少企业的管理成本。

（3）对车型有特定要求。与短期汽车租赁市场的用户相比，长期汽车租赁市场的用户一般对车辆的品牌、型号都有一定的特殊需求，企业提供的租赁车辆一般都是在租赁前根据客户的特定需求而专门购买。

（三）服务特点

长期汽车租赁服务具有以下特点：

（1）能够提供个性化的车队解决方案。以长期汽车租赁为主营业务的汽车租赁企业，一般能够根据长期汽车租赁用户的不同特点，提供与之相符的个性化车队解决方案，可根据客户的需要事先购置车辆。

（2）车辆使用对象为特定用户。在签订长期汽车租赁合同之后，车辆的使用对象为固定用户，租赁期间一般不能更改合同，这与短期汽车租赁客户相比，具有明显的排他性。

（3）定价方式具有弹性。长期汽车租赁市场的租金定价方式较为灵活，可根据长期汽车租赁客户的需求，将保险、维修等费用纳入租金的范畴，也可由客户自由选择保险的项目和维护的实施方案。

三、汽车租赁其他服务

（一）救援服务

在车辆租赁期间，当客户车辆发生故障或交通事故时，为其提供紧急救援、修车、拖车等服务。

（二）替代车服务

当客户车辆发生事故进行保险理赔或车辆维修时，汽车租赁企业可提供车辆替换服务。

（三）异地调车

租赁车辆的流动具有季节性、方向性的显著特点。汽车租赁企业为了维持整个汽车租赁网络的平衡，需要在全国各城市之间进行车辆调度。异地调度车辆，需要多支付燃油费、过路过桥费等费用。为保证各汽车租赁门店车辆的平衡，汽车租赁企业还通过一些优惠活动，如降低租赁费用等方式，希望顾客在规定时间内，到异地指定的汽车租赁门店还车。

图 5-2 为国内某汽车租赁企业异地调车要求。

1.起始门店：西安桃园店
还车门店：乌鲁木齐乌鲁木齐机场店
2.指定车型：别克GL8（1辆）
3.可租区间：2012-03-02至2012-03-31；

起止地	限租期	限定总公里数	GPS公里数	儿童座椅	预计正常租金	优惠后总金额	燃油费路桥费
西安—乌鲁木齐	6天	3500公里	无	无	6000元	200元	自理

图 5-2　国内某汽车租赁企业异地调车要求

（四）高端客户服务

针对高端客户，部分汽车租赁企业推出了个性化的高端优质服务，如提供机场贵宾室休息、机场往返高尔夫球场、往返商务会所等服务。

（五）其他增值服务

除了常规汽车租赁、车辆救援、替换服务外，汽车租赁企业一般还提供一些可选服务供客户选择，如送车上门、上门取车、同城异店还车、异地还车、卫星定位及导航、儿童座椅、急救包、卫生清洁用品等。具体如下：

（1）送车上门服务。汽车租赁企业根据客户指定的地点，将车辆送至客户处，现场办理租车手续。

（2）上门取车服务。租期结束后，汽车租赁企业可以到客户指定的地点取回租赁车辆，现场办理还车手续。

（3）同城异店还车服务。客户根据自己的需要，可在同一个城市内的任意门店归还租用的车辆。

（4）异地还车服务。客户可在汽车租赁企业全国连锁的任意门店归还车辆。

（5）卫星定位及导航（GPS）服务。为承租人提供卫星导航服务，在车辆内单独加装卫星导航设备供客户使用。

（6）儿童座椅服务。为带小孩出行的客户提供安装儿童座椅的服务，保障儿童的乘车安全。

此外，针对大客户，汽车租赁企业还可提供车队组建、车辆托管、会议或大型活动集中用车等服务。目前，部分大型汽车租赁企业还在全国范围内设立了24小时门店，为客户提供24小时取还车服务。图5-3为24小时营业的汽车租赁门店。

图5-3　24小时营业的汽车租赁门店

第二节　经营网络扩展方式

由于短期汽车租赁、长期汽车租赁市场的客户群、需求及服务特点不尽相同，汽车租赁企业在选择经营网络扩张方式时，也应有所侧重。

一、全国逐级扩展方式

全国逐级扩展方式是汽车租赁企业最普遍的网点扩展方式，该扩展方式又可以细分为两种方式。第一种是，汽车租赁企业总部下设几个大区，这些大区是依据行政区域或负责半径距离划分的，大区下设分管的城市，每个城市再根据自身情况管理城市网点。第二种是，汽车租赁企业总部直接管理各个城市的网点。目前，一些城市为了控制过度扩展，疏散过分集中的人口和工业，在大城市外围建立卫星城。为了满足在主城区和卫星城之间往返的客户群体需求，可在卫星城中设置汽车租赁网点。图5-4为全国逐级扩展方式示意图。

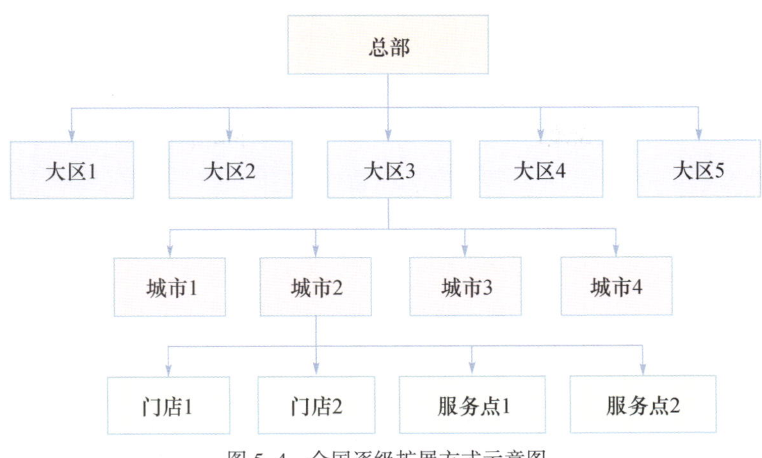

图 5-4　全国逐级扩展方式示意图

专栏 5-2

神州租车的服务网络

神州租车成立于 2007 年 9 月，总部位于北京。目前，神州租车建立了覆盖全国主要城市和旅游地区的服务网络，可提供专业

化的24小时的取车、还车服务和客户服务。截至2012年1月底，神州租车已在全国66个城市设立了520余个汽车租赁网点，在52个主要机场开设了门店，车队规模27000辆，个人客户约100万，企业客户近千家。2012年1月，神州租车在乌鲁木齐、拉萨市开业。至此，神州租车完成了中国内地省份汽车租赁服务网络的全面覆盖。

神州租车在全国范围内设立12个大区，分别为北京、上海、浙江、江苏、华北、中原、华南、东南、东北、华中、西南、西北，大区共下设66个城市（表5–1），形成了比较密集的服务网络。

神州租车全国服务区域 表5–1

区域	大区所管辖城市
北京	北京、呼和浩特、廊坊、唐山
上海	上海、昆山、苏州、吴江、嘉兴
浙江	杭州、宁波、义乌
江苏	南京、无锡、合肥、常州、扬州、南通
华北	天津、济南、青岛、烟台
中原	太原、郑州、石家庄、洛阳
华南	广州、深圳、珠海、三亚、海口、东莞、佛山、中山、南宁、桂林、惠州
东南	福州、厦门、泉州、晋江、温州
东北	沈阳、长春、哈尔滨、大连、丹东、鞍山、吉林市、大庆、抚顺
华中	武汉、长沙、南昌、湘潭
西南	成都、重庆、昆明、贵阳、都江堰、拉萨
西北	西安、兰州、银川、西宁、乌鲁木齐

二、客户追踪扩展方式

客户追踪扩展方式主要是长期汽车租赁业务采取的网络扩展方式。汽车租赁企业通过合同与客户建立长期的合作关系，在客户经营网络扩展后，在新开展业务的一些城市有租车需求时，汽车租赁企业也在相应的城市设立门店或服务部门，为客户提供汽车租赁服务以及全方位的租赁汽车维护与修理等售后服务。此种扩展方式风险较小，收益较为稳定。

图 5-5 为客户追踪扩展方式示意图。

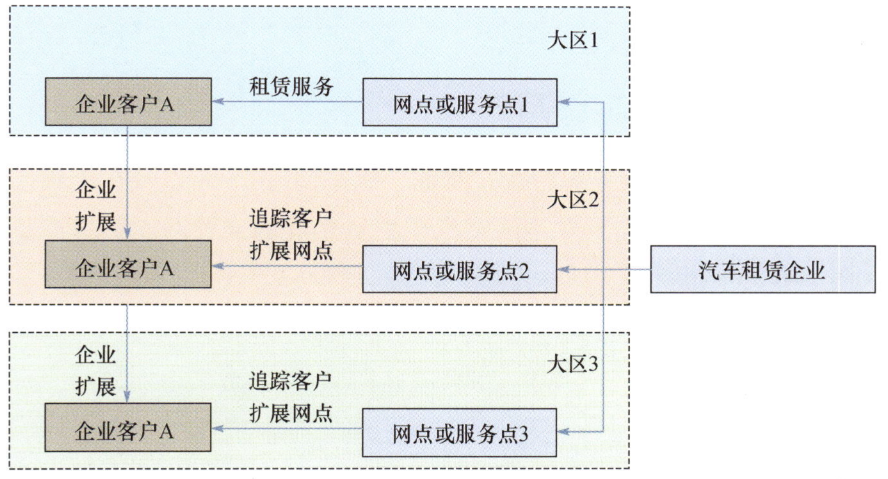

图 5-5　客户追踪扩展方式示意图

专栏 5-3

通利达的客户追踪扩展方式

北京通利达汽车租赁有限责任公司（以下简称通利达租车）是从事长期汽车租赁业务的汽车租赁公司。通利达租车主要为国内外著名企事业单位提供汽车租赁服务，其中 70% 的客户为世界 500 强企业。通利达租车主要为企事业单位提供长期公务用车、临时公务用车、会议接待用车、临时特殊车用车等汽车租赁服务，并提供租赁汽车的维护与修理等售后服务和全方位的车辆管理服务。

通利达汽车租赁服务网络扩展方式主要是随着客户企业经营网络的扩张而扩展，即客户企业在某一城市设置了分支机构，在其有汽车租赁需求时，通利达租车公司也在这个城市设置门店或服务部门，满足客户的租车需求。目前，通利达租车已通过这种方式在北京、上海、广州等地设置了9个经营门店，服务已延伸至天津、重庆、石家庄、济南、太原等17个城市。

三、依托渠道扩展方式

目前，汽车租赁服务与餐饮住宿业、汽车销售4S店以及在线旅行服务商等相结合，并已成为发达国家汽车租赁企业的一种网点扩展重要方式。图5-6为渠道扩展方式示意图。

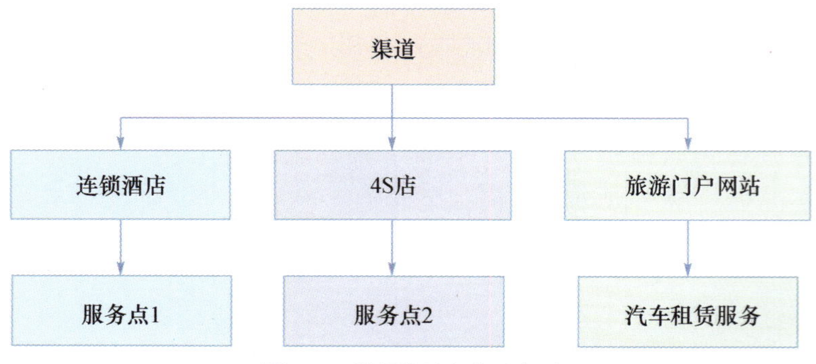

图5-6　渠道扩展方式示意图

将汽车租赁网点布设在酒店、宾馆内，依托已有实体服务业扩展汽车租赁网点。比如，在宾馆、饭店中居住的多数为商务人员、旅游者，一般不会自带车辆，汽车租赁企业可为这类有较大用车需求的群体提供租车服务。图5-7为国外宾馆前台旁的汽车租赁门店。

还有一种渠道扩展方式是依托汽车销售的4S店，销售商将部分车辆以租赁的形式进入市场。但是，这种渠道扩展方式所能提供的车型有限。另外，目前十分流行的在线旅行服务网站，也提供汽车租赁服务。这类扩展方式并没有设置实体服务点，一般是与其他汽车租赁企业进行合作。

图 5-7　国外宾馆前台旁的汽车租赁门店

专栏 5-4

依托 7 天连锁酒店扩展网点的瑞卡租车

广州瑞卡租车股份有限公司（以下简称瑞卡租车）总部设立于华南的经济和政治中心——广州，并通过与 7 天连锁酒店集团全面建立深度战略合作，借鉴 7 天连锁酒店相似的“经济型”模式——“经济型租车模式”，以“立足广州，辐射全国”为发展思路。具体到瑞卡租车的经营业务方面，只做个人短途自驾（200 公里左右），车型也只有 3 种，价格在 120 ～ 200 元 / 天，不做异地还车，IT 系统追求简单有效，甚至连门店也设在 7 天连锁酒店的接待大堂里。

瑞卡租车未来还有可能跟如家、汉庭等其他经济型酒店合作，或者跟商场、社区等进行广泛合作，以方便大众消费者享受到租车这种便捷的生活方式。

专栏 5-5

安特普利斯汽车租赁公司在 4S 店内提供替换车服务

安特普利斯汽车租赁公司门店设在 4S 店内，为 4S 店客户提供代步车。单店用车 30 ～ 40 辆 / 天。客户出险后联系保险公司，保险公司联系安特普利斯公司，安特普利斯联系修理厂确认具体修理天数。

客户可选择：将事故车送至修理厂，安特普利斯工作人员将代步车送修理厂并陪同客户办理手续；或送至安特普利斯门店并取走代步车，再由安特普利斯送修理厂。

用车方面：第三方责任对使用天数不限，自身责任不超过 30 天。

第三节　企业经营模式

汽车租赁企业在经营模式的选择上，一般均采用连锁经营的模式。连锁经营模式是指经营同类商品或服务的若干组织，以一定的形式组织一个联合体，通过企业形象的标准化、经营活动的专业化、管理方式的规范化以及管理手段的现代化，使复杂的商业活动在职能分工的基础上实现相对的简单化，从而实现规模效益。

对于汽车租赁企业来说，连锁经营模式就是指某一汽车租赁企业在全国各地以连锁店的形式提供汽车租赁服务，包括汽车租赁、车辆救援、车辆维护和修理等。这种经营模式开始于欧美经济发达国家，并伴随着汽车制造业的繁荣而发展。从整体上来看，发达国家从事汽车租赁企业连锁经营在技术、管理和服务等方面，经历了不断完善的过程。连锁经营有三种基本模式，分别为直营连锁模式、特许经营模式、自由连锁模式。

一、直营连锁模式

（一）直营连锁模式的定义

直营连锁（Regular Chain，简称“RC”）是连锁经营最基本的模式，是指总公司直接经营各个汽车租赁连锁店，即由公司本部直接经营投资管理各个汽车租赁网点的经营形态，此连锁形态并无加盟店的存在。汽车租赁公司总部采取纵深的管理方式，直接下令管理所有的汽车租赁网点，各网点也必须完全接受总部的指挥。直营连锁的主要任务在“渠道经营”，即是指透过经营渠道的拓展从消费者手中获取利润，因此直营连锁实际上是一种“管理产业”。

（二）直营连锁模式的主要特点

直营连锁模式的主要特点是各个汽车租赁连锁店所有权和经营权集中统一于总部。主要表现在：

（1）所有成员企业必须是单一所有者，归一个公司、一个联合组织或单个人所有，总部不向连锁店收取经营权利金；

（2）由总部集中领导、统一管理，总部对连锁店的约束控制能力很强，如人事、采购、计划、广告、会计和经营方针都集中统一，实行统一核算制度。各直营连锁店经理是雇员而不是所有者，各汽车租赁直营连锁店实行标准化经营管理，连锁店数量扩张速度较慢。

二、特许经营模式

（一）特许经营模式的定义

特许经营（Franchise Chain，简称“FC”）也称特许加盟，是目前汽车租赁行业普遍采用的连锁经营模式之一。按照有关法律规定，特许经营是指特许人将自己拥有的商标（包括服务商标）、商号、产品、专利和专有技术、经营模式等以合同的形式授予受许人使用，受许人按合同规定，在特许人统一的业务模式下从事经营活动，并向特许人支付相应的费用。汽车租赁的特许经营，即汽车租赁公司授予某一候选人特许经营权，使其加入汽车租赁公司的服务网络，使用汽车租赁公司的品牌和标识，按照汽车租赁公司的统一规范进行业务运作，汽车租赁公司对特许经营点的经营进行监督和指导，并收取特许经营权使用费。

（二）特许经营模式的主要特点

特许经营模式的主要特点是整个连锁体系由契约结合而成，连锁店所有权不属于总部。主要表现在：总部对商标、服务标志、独特概念、专利、经营诀窍等拥有所有权，权利所有者授权其他人使用上述所有权。汽车租赁公司总部约束连锁店的经营管理方式；在授权合同中包含一些调整和控制条款，以指导受许人的经营活动；汽车租赁公司总部分担各连锁店部分费用亦分享其部分利润，受许人需要支付权利使用费和其他费用。

三、自由连锁模式

（一）自由连锁模式的定义

自由连锁（Voluntary Chain，简称“VC”）也称自愿连锁，即自愿加入连锁体系的商店。这种商店由于是原本就已存在，而非加盟店开店伊始就由连锁总公司辅导创立，所以在名称上自应有别于加盟店。自愿加盟体系中，商品所有权是属于加盟主所有，而运作技术及商店品牌则归总部持有。也就是说，各汽车租赁加盟店在保留单个资本所有权的基础上实行联合，汽车租赁公司总部同加盟店之间是协商、服务关系，集中购进租赁车辆、维护修理、救援等，统一制订经营战略，统一使用物流及信息设施。

（二）自由连锁模式的主要特点

自由连锁模式的各汽车租赁加盟店不仅独立核算、自负盈亏、人事自主，而且在经营品种、经营方式、经营策略上也有很大的自主权，但要按销售额或毛利的一定比例向汽车租赁公司总部上交加盟金及指导费。汽车租赁公司总部经营的利润，也要部分返还各加盟店。同时，连锁店扩张速度较快，汽车租赁公司总部对连锁店的控制约束能力较差。

四、模式比较及案例分析

（一）模式比较

在汽车租赁三种经营模式中，特许经营模式在汽车租赁行业中最为普遍，它与直营连锁和自由连锁均有较大区别。由于直营连锁是由汽车租赁公司总部全资或控股开设连锁公司分店，各分店在总部的直接领导下统一经营，它要求总部筹集足够资金，配备大批管理人员。而特许经营中受许人是独立的企业法人，特许人无权干涉各加盟店的人事和财务关系，特许人只需选择受许人，并向其提供培训和服务即可，而无需为其提供资金。在自由连锁中，各连锁公司的店铺均为独立法人，各自的资产所有权关系不变，各成员使用共同的店名，与总部订立有采购、促销、宣传等方面的合同，并按合同开展经营活动，各成员可自由退出。自由连锁中成员店的经营自主权比特许经营加盟店多，特许经营加盟店在合同期内不能自由退出，而自由连锁店则可自由退出。

（二）案例分析

目前，我国实行全国连锁经营已初具规模的汽车租赁企业有至尊租车、神州租车及一嗨租车。下面，将以至尊租车和一嗨租车两家企业为案例，分析他们各自的经营运作模式。

1. 至尊租车：直营连锁模式

至尊租车成立于2006年，成立之初就一直采用全国直营连锁模式经营，至尊租车所有的门店均统一设计、员工统一服装，各门店均统一车型、统一价格、统一业务流程，以保证质量和服务体验。让客户在至尊租车进驻的任何城市、任一门店实现租车及还车的便利，并获得统一规范服务。

这类模式采用自营和建立门店的方式来实现连锁经营，需要有足够的资金支持。

2. 一嗨租车："直营 + 加盟"连锁模式

一嗨租车采用的是"直营 + 加盟"的经营模式拓展业务范围。截至2008年年底，一嗨租车已在全国70多个城市设立网点，自有车辆和加盟车辆总共约4000辆，自有车辆约1000辆。其中，25个一线城市及省会等重要城市采用直营模式，其他则采用加盟模式。对于加盟店，一嗨租车从业务流程、技术平台等方面，都通过实时监控来保证服务质量。除了品牌一致外，一嗨租车各地直营店的车型、门店风格及定价并不完全一致，而是完全贴合本地市场需求。

第六章　汽车租赁网络布局

如何合理地进行汽车租赁网络布局，是汽车租赁业发展过程中必须思考的主要问题之一。汽车租赁网点数目设置过多，会带来设施的闲置和资金的浪费；网点数目设置过少，则起不到应有的作用，无法为客户提供便捷的租车、还车服务。本章主要介绍如何科学应用市场调查，合理规划汽车租赁网络布局，并对常用的市场调查方法和网络布局方法进行了介绍。这些方法对加强汽车租赁各网点之间的协调配合，有效提高汽车租赁运营网络的利用效率，具有重要的参考价值。

第一节　汽车租赁网络布局市场调查

作为经济社会生活中的一个重要组成部分，汽车租赁网络布局需要充分考虑社会经济环境、市场环境和相关行业的变化等所带来的影响。在布局之前进行充分的市场调查，有助于汽车租赁经营者对目标区域当前的经济社会环境和潜在市场需求进行准确的判断，为汽车租赁企业的网络布局做好充分准备。

一、汽车租赁网络布局市场调查的步骤

汽车租赁网络布局市场调查从明确调查目的和指导思想开始，到最终获得有效的市场信息并写出调研报告为止，一般要经历以下 6 个步骤，具体如图 6-1 所示。

1. 调查目的和指导思想

这一步骤是调查目标的识别阶段，即明确调查问题和调查目的的阶段。该步骤的第一步工作就是调查活动的组织者在初步分析情况的基础上明确调查目的，即回答为什么要进行市场调查以及经调查应取得哪些

资料等问题。本书中所介绍的市场调查的目的，主要是为汽车租赁网络布局收集数据资料。明确调查目的后，应当确立调查的指导思想。指导思想就是指导调查工作全过程的原则、准则，调查的各阶段工作都不应偏离指导思想。总之，本步骤既是调查活动的开始，又是检查调查结果的依据。

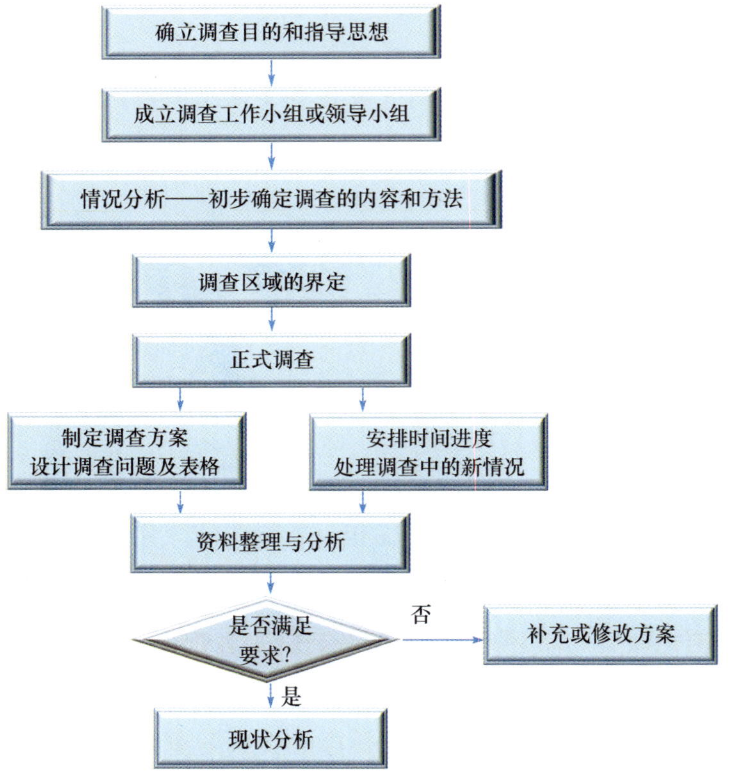

图 6-1　汽车租赁网络布局市场调查步骤示意图

2. 成立调查工作小组

为了使汽车租赁网络布局市场调查工作有计划、有组织地进行，必须成立调查工作小组。必要时，可以对调查工作小组进行调查前的培训，使他们不仅能完成正常的调查任务，而且学会排除非正常情况下的种种障碍。当汽车租赁网络布局的调查规模较大，涉及跨部门、跨行业时，还应成立由主要部门领导参加的领导小组，以保证调查活动能得到有关部门的配合与支持。

3. 情况分析

在开展市场调查之前，调查工作小组应当充分利用现有资料，确定资料、数据采集的范围，初步确定汽车租赁网络布局调查的主要内容和调查方法等。调查范围内的资料力求完整、准确、系统、全面，但要避免收集资料面铺得过大，合理控制调查费用和时间。

4. 调查区域的界定

汽车租赁网络布局调查，首先必须界定调查区域。对于综合性的、区域性的汽车租赁网络布局调查，调查区域应该包括整个行政管辖范围，如全省或全地区。调查区域的外部界限称之为边界线。确定边界线时，应该考虑调查目的和调查所受到的约束条件，既要包容需要调查的整个地域，又要尽量减少数据收集的工作量。

汽车租赁网络布局调查区域的外部边界确定之后，有时还需要把调查区域划分成若干小区。汽车租赁网络布局小区的个数和大小没有严格的规定。小区的大小与调查目的、所要求的数据项目、调查区域的面积、人口密度以及所采用的模型方法有关。一般来说，调查小区应具有均匀一致的社会经济特征，并且在可能的条件下利用自然的、行政的、历史的边界。例如：在全省范围内，汽车租赁经营者为汽车租赁网络布局所进行的调查，可以选择地市作为调查小区；在城市调查中，高人口密度的市中心区，可以将调查小区面积设置小一些；城市外围人口密度低的地带，可以将调查小区面积设置大一些。值得考虑的一种方法是，采纳人口普查的区划作为调查小区划分的依据。这样，调查小区有关的人口、经济社会信息就可以利用已有的资料。

5. 正式调查

这一步骤是汽车租赁网络布局市场调查全过程的核心阶段，也是最重要、最复杂的阶段。在这一步骤中，要收集到所需要的数据、资料。因此，要设计正式的调查表格，确定好调查内容和调查方法，对参与调查的工作人员进行必要的培训。同时，要做好调查费用的估算，安排好时间进度计划等，以保证如期完成调查任务。

6. 数据资料的整理加工分析

对调查取得的数据资料，一般说来都要经过整理加工分析后，才能变成有用的资料，即成为有用的信息资源。整理加工的程序主要有以下几个步骤：

（1）资料分类。根据调查目的和要求，将资料分门别类。例如城市产业布局规划和统计年鉴分类等。

（2）资料编校。编校工作就是对已经筛选的资料进行核实和校订，以消除资料中的谬误和含糊不清的地方。例如消除调查资料中的人为差错，核实资料中数据不一致的地方。通过编校使资料清楚易读，编入分类表便于查找；其次使资料保持完整，尽可能保持记录原貌并确保资料的准确性。

（3）列表处理。将经过整理分类的资料做适当的统计处理后，进行列表，以便分析。

（4）检查资料的完整性。对整理出来的调查资料可对照前述的调查范围和内容逐次检查。若发现资料有缺陷或不符合要求，应重新组织有关人员进行二次调查，直到对调查资料满意为止。

（5）分析研究。对经过加工的数据，根据本次调查的目的和任务要求，进行分析、研究和数据加工处理，获取更深层的信息。

二、汽车租赁网络布局市场调查的主要内容

市场调查的主要内容取决于调查对象和调查目的。进行汽车租赁网络布局的市场调查，调查的主要内容应包括社会经济、城市发展、交通运输、环境现状、市场现状等方面。

1. 社会经济

社会经济调查的主要内容应包括以下三个方面：

（1）网点布局范围内的人口、国内生产总值、居民消费水平、城乡居民家庭人均可支配收入及恩格尔系数、城镇居民家庭平均每人消费性支出及构成、城镇化率等主要经济指标。

（2）网点布局范围内的工业产值、外贸进出口总额、社会商品零售

总额、主要投资方向等各项经济指标。

（3）网点布局范围内社会经济发展宏观政策、中长期规划、城镇发展规划、城市总体规划、产业发展规划以及其他有关行业发展规划等。

2. 城市发展

城市发展调查的主要内容应包括以下四个方面：

（1）网点布局范围内机动车保有量、驾驶员数量等指标。

（2）网点布局范围内旅游总人数、出入境人数等指标。

（3）网点布局范围内旅行社数量、规模、运营情况等。

（4）网点布局范围内酒店及宾馆数量、规模、运营情况等。

3. 交通运输

交通运输调查的主要内容应包括以下五个方面：

（1）网点布局范围内公路、铁路、水路、民航等运输方式历年旅客运输量及周转量。

（2）网点布局范围内交通运输枢纽（机场、火车站、渡口、客运站）发展现状及规划。

（3）城市公共交通规划（包括城市主要干道、地铁、轻轨）、轨道交通主要站点设置等。

（4）公路旅客运输车辆的发展现状（包括数量、车型结构特点等）。

（5）停车场的发展现状（包括数量、位置等）。

4. 环境现状

环境现状调查的主要内容应包括以下两个方面：

（1）空气环境、声环境、水环境等的影响。

（2）环境保护目标（水源地、学校、医院、居民区等）。

5. 市场现状

市场现状调查的主要内容应包括网点布局范围内已有汽车租赁网点的数量、规模和运营情况等。

三、汽车租赁网络布局市场调查的分类和方法

根据调查内容的详略、调查对象范围及资料获取途径的不同，汽车

租赁网络布局市场调查可进行如下分类：

1. 根据调查内容的全面程度分类

（1）全面调查。这种调查的调查项目多，内容比较复杂，调查工作量大，数据处理任务繁重，调查费用较高，调查历时较长。因此，这类调查一般只适宜在确需全面了解情况，如编制汽车租赁业总体发展规划时采用。

（2）单项调查。这类调查针对规划的某一环节进行，调查结果为解决某一方面的问题提供依据。在通常情况下，如能采用单项调查便能满足需求时，一般不要进行全面调查。

2. 按照调查的对象范围分类

（1）内部调查。即针对汽车租赁业或汽车租赁经营者自身内部进行的调查。其目的是掌握汽车租赁经营者具备的各种有利因素及存在的各种问题，为优化汽车租赁网络布局、制定发展战略提供依据。

（2）外部调查。即针对汽车租赁市场的客户需求、汽车租赁市场竞争等各种因素而进行的调查。

3. 按照调查资料获取的途径分类

（1）直接调查，即对承租人、汽车租赁企业等进行的调查。这种调查获得的资料称为第一手资料，其真实程度、详细程度较高。但这种调查投入多、费用高、时间长。一般在可以通过间接途径获取资料时，尽量少采用大规模的直接调查。

（2）间接调查，即通过间接途径获取资料的调查。这种调查获取资料的途径一般包括：统计年鉴、新闻媒体、网络、图书及学术刊物，政府部门、研究团体、中介服务机构等。尽管间接调查获得的只是二手资料，但并不意味着其利用价值就一定低。相反，只要能区别调查资料真伪，这种调查因省力、省时、廉价、快速，相对直接调查而言，其优越性很大。

各类调查均有利有弊，调查者应视调查需要而选择相应的调查方法。图 6–2 为各种调查方法分类示意图。

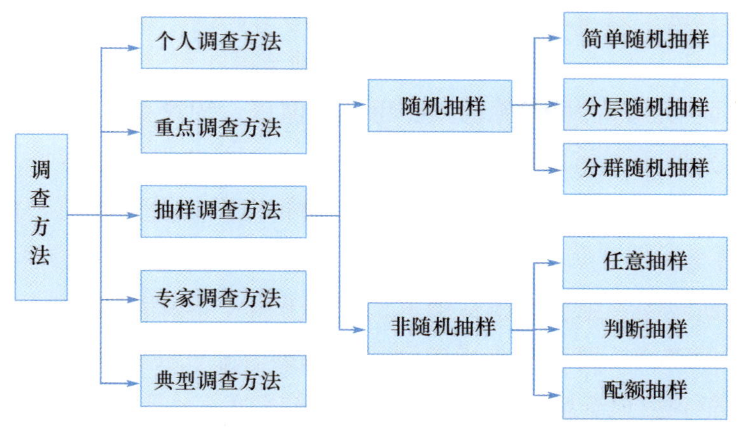

图 6-2　调查方法分类示意图

第二节　汽车租赁网络布局方法

汽车租赁网络布局包括宏观和微观两个层面。宏观上的网络布局是指全国性或区域性的汽车租赁网络布局，有些省份和大区制定的区域性汽车租赁网络布局也属于这个层次；微观上的汽车租赁网络布局通常是指城市内部汽车租赁网点的布局。宏观汽车租赁网络布局和微观汽车租赁网络布局由于其任务和性质特点不同，所采用的方法也有所差异。

汽车租赁网络布局流程如图 6-3 所示。首先进行调查，在掌握发展现状并给予恰当的评价基础上，分析其未来发展环境及趋势，之后再确定汽车租赁网络布局的目标和需求，然后找出影响布局规模、方案设计的主要指标或因素，依照不同的方案设计思路，运用相应的布局方法，拟定几种可行的布局方案，并针对拟定的各种方案在同一尺度下进行评价，从中选出优选方案，以优选方案为基础，再根据实际情况进行恰当的调整，最终确定推荐的布局方案。

一、汽车租赁宏观网络布局

汽车租赁宏观网络布局的主要难点之一是确定汽车租赁网络的合理规模。在太多的城市设置汽车租赁网点，会造成资金的浪费、设施的闲置；设置得太少，则起不到应有的作用，达不到汽车租赁网络布局的目标。

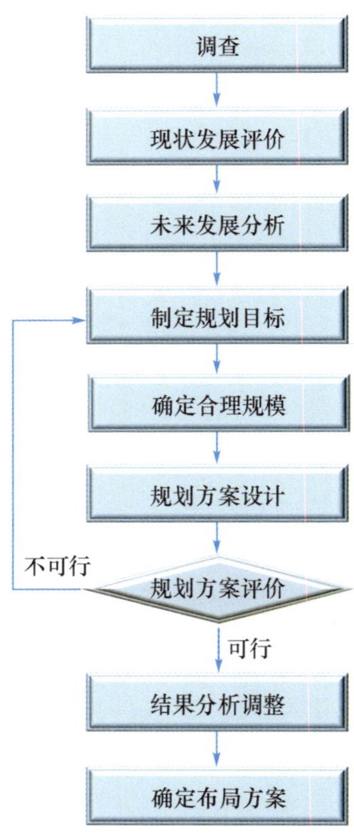

图 6-3　汽车租赁网络布局流程图

（一）汽车租赁宏观网络布局原则

1. 符合汽车租赁企业整体发展战略原则

汽车租赁企业发展战略可以分为进攻型战略、防御型战略和紧缩型战略。为了建立新的或更强的市场地位，创造新的竞争优势，汽车租赁企业一般会采取进攻型战略；而当汽车租赁企业为了巩固现有地位、保持现有的竞争优势、降低被攻击的风险，使挑战者转向攻击其他对手时，一般采取防御战略；在汽车租赁企业即将退出或遇到重大调整时则往往采取紧缩型战略。

汽车租赁宏观网络布局很大程度上受汽车租赁企业战略的影响。从实际情况来看，不同的战略趋向与选择，在汽车租赁宏观网络布局上就会有不同的行动。当汽车租赁企业选择进攻型战略时就会大力扩张覆盖范围，以缩短与客户的距离，进而提高运营的速度和质量；当汽车租赁企业选择防御型战略时，一般会保持既有规模；而当汽车租赁企业选择紧缩型战略时，就会缩减经营规模，有针对性地撤销或合并某些布局不合理、运营效益差、竞争能力弱的区域。

2. 实现汽车租赁企业效益最大化原则

汽车租赁企业效益主要取决于市场容量，即需求能力的大小。从空间分布来看，发达区域的市场容量最大，比如珠三角、长三角等地区，汽车租赁企业可能获得的收入也越高，在同一区域内会有不同的核心地带。在同一个区域内部也呈现出由核心地带向外逐级递减的规律。因此，汽车租赁宏观网络布局的基本规律是，先从业务量需求较大的核心地区逐步向外扩散进行布局。

3. 与自身竞争能力相适应原则

面对开放的汽车租赁市场，参与者的数量、规模、经营实力都在不断增强。汽车租赁宏观网络布局是企业发展中十分重要的决策，在宏观网络布局前，应充分考虑汽车租赁企业竞争实力，针对不同的竞争对手采取不同的策略。相对实力较强的，则可主动出击，选择与竞争对手相邻的区位开展业务；相对实力弱的，则可避其锋芒，从边缘市场入手。

4. 统筹考虑备选区域整体发展环境原则

在进行汽车租赁宏观网络布局时，要将网络布局方案置于备选区域特定的经济社会环境背景下加以考察，充分考虑当地及周边地区的人口数量和结构、消费水平和发展趋势、市场环境和现有汽车租赁网络布局及规模、城市定位和城市文化、旅游景点和交通条件等因素，统筹规划，综合考虑，科学合理地规划汽车租赁宏观网络布局。

5. 紧跟备选区域整体发展规划原则

汽车租赁宏观网络布局必须要选择经济发达、市场容量大、金融秩序好、业务发展有潜力的区域，作为网点布局的重点地区。同时，要积极跟上区域发展规划的步伐，富有前瞻性。要在符合城市整体规划的战略上做好汽车租赁宏观网络布局，按照城市经济走势和布局努力建设综合性、多功能、竞争力强的汽车租赁营业区域。

（二）汽车租赁宏观网络布局方法

1. 汽车租赁备选中心城市的选取

根据以中心城市为主研究汽车租赁网络布局的指导原则，首先需要分析确定有可能成为汽车租赁网络布局的备选中心城市，以供拟定布局方案时选用。

通常规划研究区域内城市数目较多，而且这些城市的社会经济发展水平、城市发展水平、汽车租赁业发展水平、旅游发展水平、对外运输的通达程度、公路客运的地位与作用以及所处的经济地理位置等差别很大。要从众多城市中挑选出合适的城市作为汽车租赁网络布局的中心城市，则需要一些数量指标体系来加以分析确定，而这些指标体系应最能反映中心城市的服务地位及辐射作用。通常把人口、国内生产总值、城镇化率、居民人均可支配收入、居民消费水平、各种运输方式客运量、旅游人数、公路网里程、公路网密度、公路网通达指数、停车场数量等指标作为区域的指标体系。

2. 汽车租赁中心城市布局方法

1）指标评分法

此方法的基本思路是：从汽车租赁经营者的角度，选择与汽车租赁网络布局中心城市关系最为密切的若干个指标，对这些备选城市逐个进行业务地位的综合评判，从而计算出每个城市的综合得分，即代表每个城市的汽车租赁业发展潜力。得分高者为汽车租赁网络中心城市入选对象。本方法的具体设计流程见图 6–4。

（1）指标选择。

常以城市统计年鉴的数据为基础，通过行业咨询方式，可选择以下四项与汽车租赁网络布局中心城市关系最为密切的指标：

①社会经济发展水平：人口总量、国内生产总值、居民消费水平、城

镇居民家庭人均可支配收入、城镇居民家庭人均消费性支出及构成等指标。

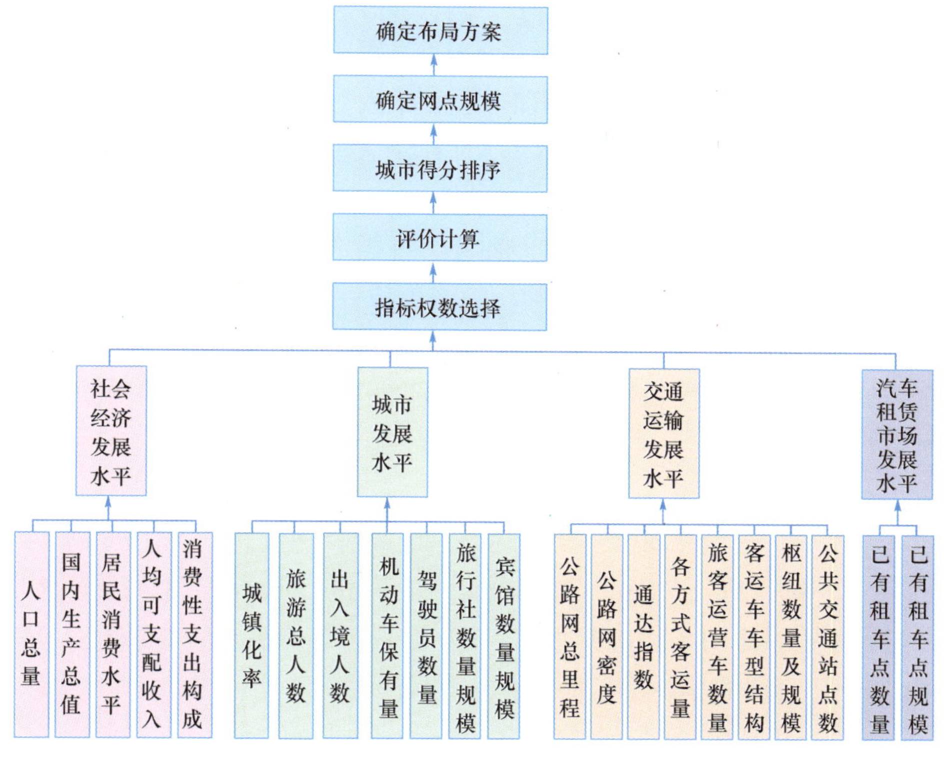

图 6-4　指标评分法流程图

②城市发展水平：城镇化率、旅游总人数、出入境人数和机动车保有量、驾驶员数量、旅行社及酒店宾馆数量、规模、运营情况等指标。

③交通运输发展水平：公路网总里程及密度、通达指数、各运输方式旅客运输量及周转量、公路旅客运输车辆数量及车型结构特点、交通运输枢纽的数量及规模、城市公共交通站点设置数量、停车场数量等指标。

④汽车租赁市场发展水平：已有汽车租赁网点数量、规模等运营情况指标。

（2）指标计算。

依据以上四项指标计算结果，可将这些备选中心城市的同类项指标分别累加，并求其平均值，之后分别计算各指标的可比指数，采用综合评判法对每个城市进行具体评价计算，以求出代表各中心城市汽车租赁业发展潜力的得分。

同理，按照得分高低顺序选择汽车租赁网络的中心城市，选择标准可根据评分指标分数求其累计值，建立城市个数与评价分数的函数关系，并求出极值以确定最佳中心城市个数，从而使这些城市的市场潜力得到充分发挥。

当然，指标评分法理论计算的结果，可能与实际情况会有一定出入。原因是该方法存在一定的局限性，如选用哪一年数据等数值指标计算更具科学性，选取指标是否全面、是否具有代表性，各指标权重的准确性等，都对规划结果有较大的影响。但此方法不失为一种有效的汽车租赁宏观网络布局方法。

2）条件分析法

条件分析法设计思路主要是从汽车租赁网络中心城市应具备的条件出发，对备选中心城市逐个分析筛选。之后再进一步增加其他约束条件，使选择中心城市的条件达到充分，从而筛选出相对满意的汽车租赁网络中心城市，据此确定汽车租赁网络布局方案。

条件分析是根据形成汽车租赁网络中心城市的条件逐个进行筛选。

（1）交通基础设施功能完善。

汽车租赁网络中心城市应位于交通基础设施功能完善的城市，具体表现可以确定为两条或两条以上公路干线的交汇处，或位于公路干线、水运通道、铁路干线相互交汇衔接之处。

可将备选中心城市通过的运输干线情况列成表格，并统计这些城市有两条及两条以上公路干线通过的数目，至少有一条公路干线和一条铁路干线同时通过或交汇的数目，至少有一条公路干线和一条水运通道交汇或衔接的数目。数目较多的城市可视为交通基础设施功能较为完善，即可优先考虑发展其为汽车租赁网络中心城市。

（2）经济区域发展的核心。

中心城市应是省会城市、区域中心城市、沿海开放港口城市和经济特区城市。这些城市是经济区域发展的中心，也是旅客运输量产生和需求的重要节点。

除考虑上述两个主要因素外，还应结合市场需求调查、城市经济社会发展趋势等影响因素，综合选取汽车租赁网络中心城市。

二、汽车租赁微观网络布局

汽车租赁微观网络布局是指中心城市内部的汽车租赁网点的布局，具体即汽车租赁网点在规划区域内的地理分布安排及建设发展计划。科学合理的汽车租赁网络布局，可以保证汽车租赁经营者取得良好的经济效益和社会效益。

（一）汽车租赁微观网络布局原则

1. 靠近交通枢纽原则

在航空、铁路、公路枢纽附近，有大部分外来的商务、旅游客流，这些客流群体，尤其是商务客流群体，有很大的租车需求。在发达国家，旅行者乘飞机从一个城市到达另一城市的长途旅行后，一般会在机场租赁汽车用于城市内或者较短的城市间短途旅行。因此，汽车租赁网点布局应靠近机场、火车站、水运渡口、公路客运枢纽。图 6–5 为美国圣路易斯机场内的汽车租赁柜台。

图 6–5　美国圣路易斯机场内的汽车租赁柜台

2. 靠近城市内公共交通站点原则

由于城市公共汽车、城市轨道交通不是“门到门”的运输方式，一些客流到达城市公共汽车站或城市轨道交通换乘中心时，需要租赁车辆完成全程旅行。尤其是对于节假日到市郊旅行的旅游客流，由于城郊之间公共交通很难实现“门到门”运输，一些城市内的居民在节假日外出旅行时，会选择先乘坐公共交通工具离开城市中心，再在城市外围的公共交通换乘中心租赁车辆前往市郊景点。

3. 靠近住宅区原则

在住宅区，居民可能由于资金紧张或购车的限制，暂时无法拥有私家车，此时可能会产生长期租赁汽车的需求。

4. 靠近商业区原则

在商业区、写字楼集中区，企事业单位比较集中，商务和公务租车客户比较集中，在此设立汽车租赁网点，可以满足商务和公务租车群体的需求。另外，这些地段人流量大，潜在的租车散户也比较多，比如白领阶层以及区域内的其他个人用户。汽车租赁网点设在这些地段，可以为汽车租赁经营者创造更多的业务机会，同时汽车租赁网点除了办理租车手续外，还有一定的广告宣传作用。汽车租赁门店显眼的标志设在人流量大的地段，相当于为汽车租赁企业做广告，有助于吸引潜在的用户。

5. 靠近宾馆饭店、卫星城、旅游景点原则

汽车租赁网点设立在宾馆饭店接待处，已经成为发达国家汽车租赁经营的一种扩展模式。在宾馆饭店中临时居住的商务人员、旅游者一般不会自备车辆，而这部分人群却有很大的用车需求，是汽车租赁的潜在客户。卫星城一般距主城区比较远，公共交通又不能满足“门到门”需求，因此在卫星城中设置汽车租赁网点，能够满足在主城区和卫星城之间往返的客户群体需求。旅游租车已经成为汽车租赁业务的重要组成部分，在旅游景点设置汽车租赁网点，能够更好地服务这一客户群体。

6. 降低地租成本原则

从成本角度看，汽车租赁企业城市网点的成本主要包括：固定资产折旧成本、地租成本、劳动力成本、管理成本。其中，地租成本是成本

的主要组成部分，这也是汽车租赁网点布局决策中的可变部分，而固定资产折旧费用、员工工资和通信费用等差别不大。为实现成本最低，相对低廉的地租是汽车租赁网点选择的一个重要因素。城市中心地区最繁华、人口密度最高的地段，交通最为便捷、业务量最大，因此地租最高，随着离城市中心距离的增加，地租逐渐下降。如果所处地段偏僻、租金便宜，汽车租赁网点业务量却无法保障；如果所处地段繁华、地租过高，汽车租赁网点的营业收入很可能担负不起高额地租。因此，汽车租赁网点在考虑距城市中心区的距离和土地招标租金的关系上，应根据实际情况找出一个最佳选择。

7. 配置规模相当的停车场原则

汽车租赁业是以车辆为根本的，车辆的停放需要一定规模的停车设施，如果停车设施不足，将给租车人带来不便，或者增加汽车租赁网点工作人员的工作量与车辆使用成本，这会给汽车租赁网点的布局和经营带来困难。配置与汽车租赁网点规模相适应的停车设施，已成为汽车租赁微观网络布局的重要条件。

（二）汽车租赁微观网络布局方法

1. 汽车租赁网络规模的确定

汽车租赁网络规模是指在对汽车租赁网络区域或中心城市业务量预测的基础上应确定的网点数量。网络规模常与以下因素有关：城市未来的形态、规模及功能分区，干线公路网的布局密度，城市交通基础设施建设情况，汽车租赁业务量及客户构成等。

汽车租赁网络规模过小，会造成客户办理业务不方便，同时也容易造成单个网点业务量大、负担重；汽车租赁网络规模过大，将会过度分散业务需求，给汽车租赁企业管理造成困难。

确定汽车租赁网络规模的方法，主要有计算法和经验法。

1）计算法

设汽车租赁网点总业务量为 Q（一般由网点业务量预测给出），网点数为 n，其中第 i 个汽车租赁网点的业务量为 Q_i，则有：

$$Q=Q_1+Q_2+\dots+Q_{\mathrm{n}}=\sum_{i=1}^{n}Q_i$$

令：

$$Q_1=\beta_i Q$$

式中：β_i——第 i 个汽车租赁网点的分配系数，$\beta_i\leqslant 1$，且 $\sum_{i=1}^{n}\beta_i=1$。

β_i 主要由以下个因素确定：本区域客运量、汽车租赁网点功能、网点经济规模或合理规模、网点服务区域范围及网点间最佳距离、网点用地限制。

初步确定分配系数 β_i 后即可求出汽车租赁网点个数 n。在随后的汽车租赁网点布局过程中，还可根据需要适当调整 n 的大小，但不宜有较大变化。

另外，还可用下列公式估算汽车租赁网点规模 n 的大小：

$$n=\frac{Q}{R}$$

式中：Q——汽车租赁网点的总业务量，辆 / 日；

R——单个汽车租赁网点的平均设计服务能力，辆 / 日。

Q 值可由预测结论得出，R 值可依据汽车租赁企业自身能力给出。

2）经验法

在汽车租赁微观网络布局方案中，还可根据不同的约束条件设计若干个 n 值，如根据汽车租赁网点业务量预测结果有高、中、低方案；达到某种经济效益指标的好、中、差方案；发展到某种规模的大、中、小方案；针对地区的经济发展水平，汽车租赁网点接待能力应达到完全适应、适应、基本适应、不适应、很不适应等方案。在以后的方案优化过程中，通过进一步论证，便可得到相对满意的 n 值。

2. 汽车租赁网点选址方法

汽车租赁网点布局方案设计是在预测的潜在客户数量基础上，根据规划区域范围内汽车租赁业务量特点以及规划区域内各小区的功能等特征，确定汽车租赁网点的空间分布、功能、服务范围和规模大小。汽车租赁网点接待能力的扩展，在时间上必须与当地经济发展的波动规律相适应。

汽车租赁网点布局的主要任务是确定网点的空间分布及规模大小。

确定 n 值后，可将规划区域划分成 n 个小区进行汽车租赁网点的布置安排。划分小区时，每个小区至少应包括一条主要交通干道。小区划分完后，即可用下列常规方法确定小区内布局汽车租赁网点的位置。

1）重心法

设某个小区布局的汽车租赁网点的业务量为 q_0，假设该小区内有 n 个汽车租赁客户点，第 i 个客户点的业务量为 q_i，则布局的汽车租赁网点坐标应为：

$$X_0=\frac{\sum_{i=1}^{n}q_i x_i}{\sum_{i=1}^{n}q_i}，\quad Y_0=\frac{\sum_{i=1}^{n}q_i y_i}{\sum_{i=1}^{n}q_i}$$

式中：X_0、Y_0——汽车租赁网点坐标；

x_i、y_i——小区内汽车租赁客户点 i 的坐标。

在实际使用该方法时，由于受到布局区域内城市规划、产业规划、政策环境等因素的影响，往往计算得到的汽车租赁网点坐标位置已经规划用于其他用途，此时可以利用重心法得到的网点最优坐标，来选择距离汽车租赁网点最优坐标附近的许可点作为备选网点。

2）线性规划法

在确定汽车租赁网点最佳位置时，可采用线性规划中的“运输问题”求解。

设布局区域内汽车租赁网点需要服务的客户点为 i，可以设汽车租赁网点的节点为 j（备选网点），则目标函数即总费用 C 的最小值为：

$$\min C=\sum_{i=1}^{n}\sum_{j=1}^{m}（C_j^{\mathrm{m}}+h_{ij}）x_{ij}$$

式中：C_j^{m}——第 j 个汽车租赁网点平均单位成本，含建设成本和运营成本；

h_{ij}——第 i 个客户点与第 j 个汽车租赁网点之间的单位运输费用；

x_{ij}——第 i 个客户点与第 j 个汽车租赁网点之间的业务量；

n——汽车租赁客户点个数，$i=1，2，\cdots，n$；

m——备选汽车租赁网点个数，$j=1，2，\cdots，m$。

上述目标函数的约束条件为：

$$\sum_{j=1}^{m} x_{ij}=A_i$$

$$\sum_{i=1}^{n} x_{ij}=B_j$$

式中：A_i——第 i 个汽车租赁客户点的总需求量；

B_j——第 j 个汽车租赁网点的总业务量，即网点规模。

$$\sum_{j=1}^{m} B_j=\sum_{i=1}^{n} A_i$$

决策变量为 x_{ij}，若 $B_j=0$，则第 j 个网点没有被选中；若 $B_j>0$，则第 j 个网点规模即为 B_j。

解上述数学模型可采用表上作业法、标号法或单纯形法等，也可借助计算机求解，以确定规划区域内规划网点的具体位置和规模。

3）经验法

（1）集中型布局。

汽车租赁网点的集中型布局是将汽车租赁网点基本业务与现场提车、车辆整备、车辆维护与修理、车辆救援、车辆保险等业务功能融为一体，集中进行规划的一种布局方案。集中型布局方式汽车租赁网点的主要优势，主要体现在以下三个方面：

①汽车租赁网点场地规模大。场地规模达到一定水平，易形成经济规模效益，以降低空间距离造成的成本浪费，便于取得良好的经济效益。

②汽车租赁网点功能完善，集合性强。汽车租赁网点具有一定规模，具备诸如现场提车、车辆整备、车辆维护与修理、车辆救援、车辆保险等服务功能。因此，易形成综合性汽车租赁业务网点体系，将有关汽车租赁的所有业务相对集中，设施设备统筹规划建设和应用，以满足客户需求。

③汽车租赁网点投资集中运用。因集中型布局方式汽车租赁网点数目相对较少，可以集中有效资金相对集中投入使用，可显著提高投资和资金的运用效益。

集中型布局方式的不足之处在于其单个网点服务范围有限，灵活性不足。同时规模过大的汽车租赁网点对周围交通环境、居住环境、场地成本条件要求较高。

（2）分散型布局。

汽车租赁网点的分散型布局是指网点基本业务与现场提车、车辆整备、车辆维护与修理、车辆救援、车辆保险等其他业务功能在空间上相分离的一种布局方案。分散性布局方式服务点的数目一般相对较多，它可以分布在城市的各个汽车租赁需求点，其主要优势体现在以下两个方面：

①汽车租赁服务点经营灵活方便。因汽车租赁服务点分散布设，且数目相对较多，服务面宽，经营方式灵活，服务点内便于管理，服务质量便于提高，也给用户提供了方便。

②汽车租赁服务点场地规模需求不大。因为分散型布局的汽车租赁服务点的业务功能已经与其他业务功能相分离，因此服务点并不需要较大规模的场地，因此可以用较少的资金投入和较短的周期实现服务点的扩展。

但分散性布局方式可能存在服务范围交叉现象。

总之，汽车租赁网络的布局应因地制宜、统筹考虑。

第七章　汽车租赁业务流程

由于短期汽车租赁与长期汽车租赁服务对象、服务要求有着显著差异，业务流程也存在明显不同。短期租赁服务主要面向社会公众，需要在汽车租赁门店进行交车、还车等手续，业务流程环节较多，手续较为复杂。长期租赁业务主要面对单位客户，通过商务谈判和商务招标形式来确定租用车辆的价格、租期、车型、付款方式及相关服务等内容，业务流程相对简单。

第一节　短期汽车租赁基本业务流程

短期汽车租赁业务主要包括交车前业务和交车后业务等。交车前业务包括预订、门店客户接待、验车、合同签订、交车，交车后业务包括收车、违章处理。此外，为提高汽车租赁服务水平，汽车租赁经营者还提供车辆保险、车辆救援、车辆维护、服务跟踪等。

图 7–1 为短期汽车租赁基本业务流程图，主要包括以下内容：

（1）客户接待。客户到达门店后，汽车租赁经营者对客户进行接待，提供租车或其他业务服务。

（2）证件审核。对于需要租车的客户，需要承租人提供其身份证等证件，并对证件进行审核。如证件不符合要求，或者审核未通过，则不予受理业务。

（3）收取押金。如承租人身份证等证件审核通过，承租人则需要通过信用卡预授权或现金的方式缴纳押金。

（4）签订合同。在签订租车合同过程中，汽车租赁经营者要向承租人详细解释合同条款。承租人表示无异议之后，双方签字，然后租车合同成立。

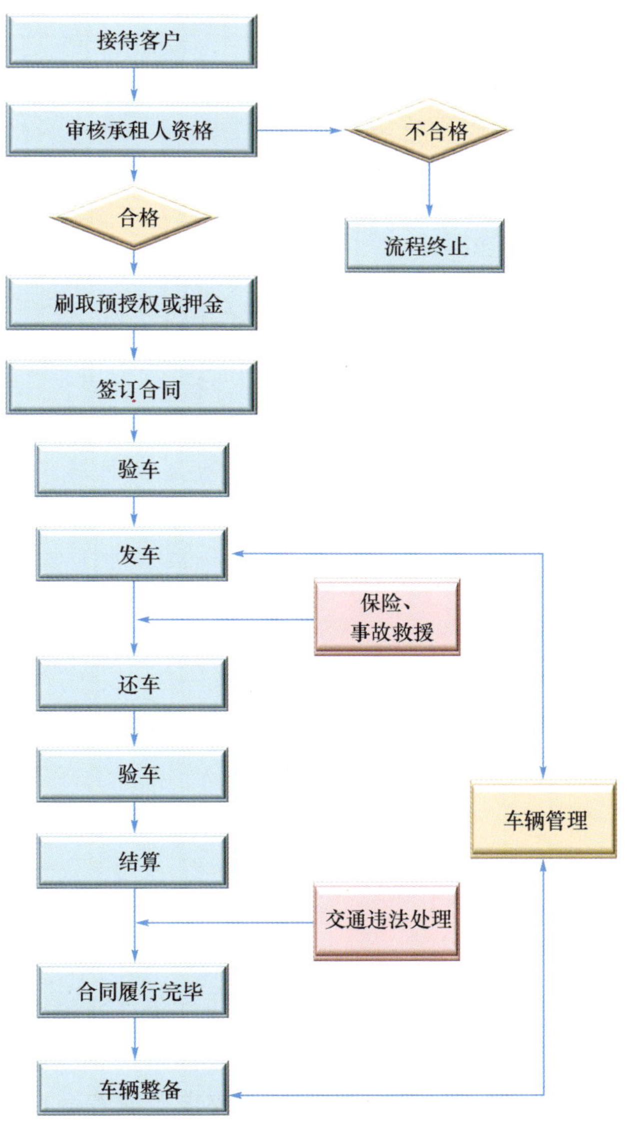

图 7-1　汽车短期租赁业务总流程图

（5）验车提车。合同签订完毕，汽车租赁经营者将承租人带至停车点验车，说明其车辆整备状况，并询问是否需要其他增值服务。租赁汽车经查验无误后，承租人可将车开走。租车期间，如果遇到事故等问题，汽车租赁经营者可提供保险、事故救援等服务。

（6）车辆归还。租约到期时，承租人将承租的车辆开至汽车租赁门店。

汽车租赁经营者对车辆进行检查，查看车辆是否完好。汽车租赁经营者在确认车辆完好后，办理还车手续。如车辆检查时承租双方对车辆状况存在分歧，则应根据合同规定进行商榷。

（7）交通违法处理。在验车完毕之后，还要根据合同规定查询该车辆租赁期间是否有违法记录，如果没有违法信息，则退还承租人保证金或者解除信用卡预授权。如租赁车辆有违法信息的，汽车租赁经营者应通知承租人，并在信用卡预授权或保证金中扣除罚款。

（8）收取费用。根据合同约定收取车辆租赁费用，并按客户要求开具发票。至此，租车合同履行完毕。

（9）车辆整备。汽车租赁企业收回车辆后，对车辆进行保洁、加油、维护等整备工作，保持车辆技术状况良好。

第二节　短期汽车租赁交车前业务

交车前业务是指承租人从汽车租赁预订开始至签订租车合同的业务过程，主要包括预订、门店接待、承租人资格审核、验车、签订合同等。其中承租人资格审核、验车以及签订合同三个环节是交车前业务的关键环节。

一、汽车租赁预订

汽车租赁预订是承租人事先向汽车租赁经营者通过电话、网络、门店登记等方式提出的租车约定，是承租人表达租车意愿并使汽车租赁经营者获得需求信息的途径。汽车租赁经营者根据客户预订情况，提前开展租赁业务的准备工作。

1. 预订方式

预订方式是承租人向汽车租赁经营者表达租车意愿的具体途径，可以分为以下四种：

（1）网络预订。可以登录汽车租赁经营者网站，选择租赁车辆、确定租赁时间，这是目前汽车租赁的主要预订方式。

（2）手机客户端预订。随着智能手机的普及，许多汽车租赁公司纷纷推出手机客户服务端,客户可以通过下载安装客户端,通过手机进行预订。

（3）电话预订。许多汽车租赁公司普遍推出免费电话预约服务，客户可以拨打客服电话，通过客户服务中心预订租赁汽车。

（4）门店预订。客户可以直接前往汽车租赁经营者设立的服务门店，预订或直接办理租赁汽车业务。

图 7–2 为汽车租赁的四种预订方式。

a）网络预订

b）手机客户端预订

c）电话预订

d）门店预订

图 7–2　汽车租赁的四种预订方式

2. 预订流程

预订流程是承租人按照汽车租赁经营者提供的预订途径完成汽车租赁预订手续的过程。根据是否需要人员协助，可以分为自助预订和人工协助预订两种方式，网上预订和手机客户端预订属于自助预订，电话预订和门店预订属于人工协助预订。

承租人选择自助预订时，主要程序如下：

（1）登录或注册。要通过手机或电脑登录汽车租赁经营者的网站，注册成为其会员或直接登录。

（2）确定租车时间地点，要在对应栏目中选择租车、还车的城市以及门店，确定租车、还车的时间，并确认相关信息。

（3）选择车型及增值服务。承租人根据自身的喜好和汽车租赁门店所能提供的车辆进行车型选择，查看车型的价格以及增值服务等。

（4）阅读服务条款并确认。承租人选择好车型之后点击预订，并且阅读相关服务条款，明确重要信息，确认无误之后，点击确定，完成自助预订过程。

承租人选择电话预订，主要程序如下：

（1）说明需求。承租人通过电话向服务人员说明自身需求，服务人员根据需求有针对性地介绍车型、价格、保险及增值服务等。

（2）确认租车时间、地点。承租人根据介绍，选择车型以及租车的城市和门店，并告知服务人员取车方式，可选择门店取车和送车上门等方式。

（3）其他事项确认。确定以上信息之后，服务人员将口头告知相关规定和重要的信息，承租人确认无误后，完成电话预订。

承租人直接前往门店预订时，主要程序如下：

（1）说明需求。承租人直接将租车需求告知营业门店接待人员，接待人员根据需求介绍车型、价格、保险及增值服务等。

（2）选择车辆。承租人可在营业门店停车场直接选择车型，并可查验车辆的实际状况。

（3）其他事项确认。汽车租赁营业门店接待人员应告知承租人相关规定和重要信息。

（4）签订合同。承租人对相关事项确认无异议后，即可直接签订租车合同，完成预订过程。

图 7–3 为汽车租赁预订流程示意图。

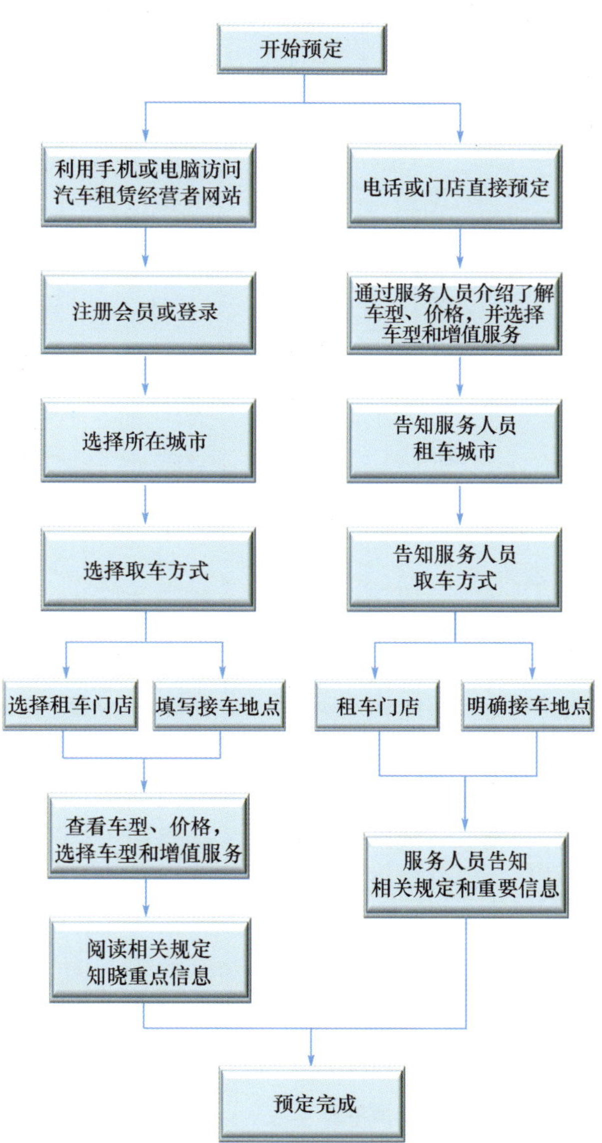

图 7-3　汽车租赁预订流程示意图

专栏 7-1

某汽车租赁网站自助预约流程示意图

步骤一：选择城市

步骤二：选择门店

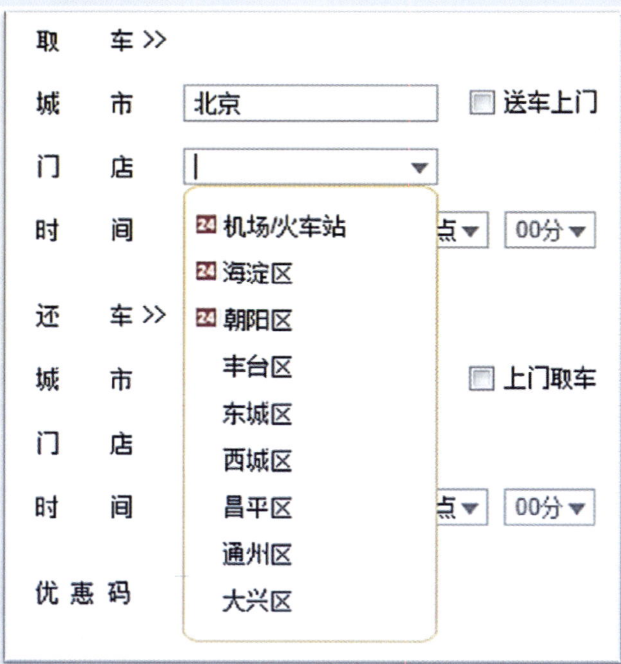

步骤三：确定时间

步骤四：车型选择

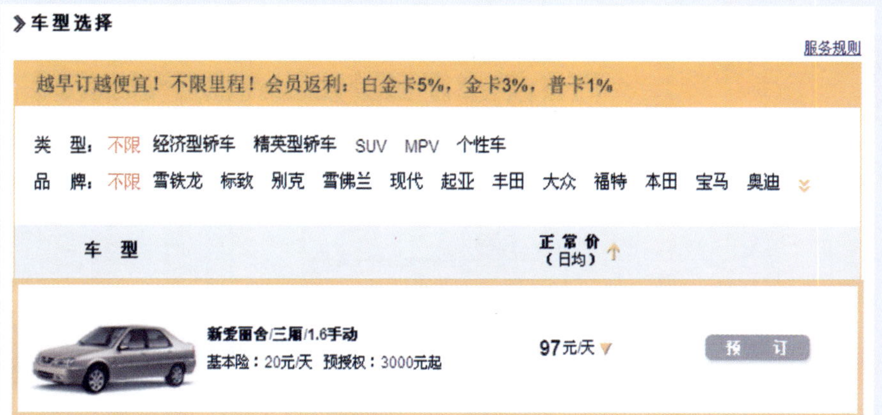

步骤五：选择服务

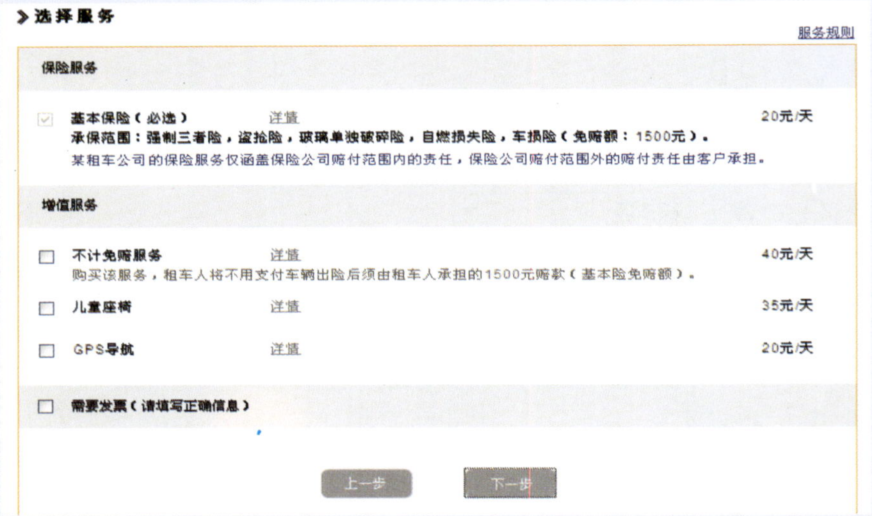

步骤六：订单确认

二、汽车租赁门店接待业务

汽车租赁门店是汽车租赁业务开展的主要场所。汽车租赁接待服务主要是汽车租赁门店服务人员对前来咨询、租车的客户提供各类资料、办理租车手续等。汽车租赁门店服务直接面对客户，是客户直接获得汽车租赁经营者产品信息、实际体验汽车租赁服务的最重要途径。良好的门店形象和优质的接待服务，有利于汽车租赁企业塑造品牌、提升形象，有利于汽车租赁业务的开展。国外汽车租赁企业高度重视汽车租赁门店形象，通过颜色选择、形象设计、完善设施等措施，为客户提供优质服务和良好体验。图 7–4 为国外汽车租赁企业营业门店。

图 7–4　国外汽车租赁企业的营业门店

汽车租赁门店为客户提供的面对面服务，主要包括：客户接待、产品介绍、材料发放填写、验车、合同签订、收取押金或刷卡授权等。此外，汽车租赁门店业务还包括对客户资料进行资格审核等后台服务。图 7–5 为客户在汽车租赁门店填写租车单据。

图 7-5 汽车租赁客户填写租车单据

专栏 7-2

汽车租赁门店服务的基本要求

1. 门店服务设施要求

（1）汽车租赁门店应符合公共候车区域的卫生标准。

（2）汽车租赁门店应有明显标识。文字标识应与工商注册的名称或字号一致。

（3）租车方的营业门店宜设置中文和英文双语标识。

（4）营业门店可设立接待服务、业务办理、车辆交接等功能区域。如车辆交接区域与其他功能区域分离，出租方应提供承租人赴车辆交接区的交通服务，送车上门除外。

（5）接待服务区域应公示服务项目、价目、租车手续、服务承诺和监督投诉等内容，为承租人提供等候、咨询等服务。

（6）车辆交接区域至少具备 1 个停车位面积。

2. 接待人员服务要求

（1）接待服务人员应经过岗位培训，上岗时宜统一着装，佩戴标志，仪表端庄整洁，文明礼貌待客。

（2）接待服务人员应熟悉租车业务流程、租车产品种类、价格及优惠等业务和信息。

（3）接待服务人员应业务熟练，快速完成信息验证、刷取预授权或收取押金、验车、交还车等手续。

（4）接待服务人员应主动向承租人讲解重要合同条款及重点注意事项。

三、承租人资格审查

承租人资格主要包括承租人身份信息、驾驶资格信息以及租车资金担保能力等。汽车租赁经营者接受预订后，为保障双方权益，应对承租人资格进行审查验证后方可办理租赁手续。

承租人资格审查，主要是通过对承租人的真实身份、驾驶技能、信用情况的综合评定，确保承租人具备使用租赁汽车的能力和资格，有利于汽车租赁经营者防范和降低经营风险。我国汽车租赁企业在汽车租赁时查验的身份证明主要包括：

（1）对于中国内地公民，可持身份证、户口本或者护照，以及机动车驾驶证办理租赁手续。

（2）对于香港、澳门、台湾地区居民，可持港澳居民来往内地通行证，台湾居民来往大陆通行证以及国内有效的驾驶证件办理租赁手续。

（3）对于外籍承租人，可持护照、有效签证，以及在我国有效的驾驶证件办理租赁手续。

（4）对于企事业单位短租客户，可持企事业单位营业执照、法人代码、承办人授权书，承租人身份证件和驾驶证件办理租赁手续。

四、验车

验车是在达成汽车租赁协议前，承租双方共同对租赁车辆的外观、内饰、技术状况等进行检查，确认租赁汽车处于良好状态，从而保障承租双方权益的行为。汽车租赁实质是车辆使用权的转移，是由出租人将车辆交由承租人使用。一方面，作为交通工具，租赁汽车在使用过程中，可能发生车辆损坏、配件丢失等情况，造成车辆价值损失，损害出租方利益；另一方面，租赁汽车面向不同承租人，使用者众多，需明确造成车辆损坏的真实责任人，避免损害其他承租人权益。因此，车辆检查是明确车辆状况，分清车辆损坏责任的必要环节。

验车项目一般包括：车辆外观、配备装备、轮胎状况、座椅状况等。汽车租赁门店服务人员根据检查填写验车单。验车单是车辆状况的基本凭证，是包含车辆外观、内饰、装备配备情况等信息的综合单据，是还车时检查车辆状况的依据。验车单应由汽车租赁门店服务人员和承租人共同填写，并签字确认。图 7–6 为国内某汽车租赁企业的验车单。

五、合同签订

汽车租赁合同是明确出租方和承租方在汽车租赁过程中权利、义务关系的协议。汽车租赁合同是承租双方遵循平等、协商的原则订立的，通常采用书面形式订立，一般包括汽车租赁双方信息、租期、租金和违约责任等内容。

1. 出租方权利义务

（1）向承租人提供符合合同要求的租赁汽车及有效证件。

（2）为租赁汽车购买相应的保险。

（3）约定提供租赁汽车维护以及故障维修服务和救援服务。

（4）汽车租赁经营者对承租人的有关信息负有保密义务。

2. 承租人权利义务

（1）如实提供身份及信用证明资料。

（2）正确使用租赁汽车，妥善保管租赁汽车。

（3）承租人因使用不当造成租赁汽车修理的，应承担相应的损失。

（4）发生交通事故、被盗抢等事件时，应立即向公安等部门报案并通知汽车租赁企业。

3. 违约责任及合同解除

租赁双方应对违约责任及合同解除条款作出约定。当发生下列情形

验车单基本信息 Basic Info					
门店 Shop		车辆型号 Model		车牌号码 Car License#	

发车及还车时的待检项目 Items								
项目 Item	发车时 Date & Time Out	还车时 Date & Time In	项目 Item	发车时 Date & Time Out	还车时 Date & Time In	项目 Item	发车时 Date & Time Out	还车时 Date & Time In
工具包 Tool Kit			汽车油量 Gasoline	0 1 _/16	0 1 _/16	车钥匙 Car Key		
千斤顶 Lifting Jack						行驶证 Driving Permit		
故障警示牌 Alert Sign						随车手册 Car Use Manual		
备胎 Spare Tire			烟灰缸 Ashtray			GPS（编号）GPS（Ref#）		
灭火器 Fire Extinguisher			内饰（完好）Interior Deco(Intact)			儿童座椅（编号）Child Seat（Ref#）		
轮胎 Tires			座椅（完好）Seats (Intact)					
油箱盖 Oil Tank Cap			脚垫（完好）Foot Mat (Intact)					

发车 Departure	还车 Return
前 Front	前 Front

图例 Illustration	正常完好齐全 √：Intact	缺少 N：Scarce	划痕 —：Scratch	裂痕 X：Crack	凹陷 O：Sink	脱落 ●：Exfoliation	其他 ☆：Others

备注：Remarks				备注：Remarks			
发车公里数 Odometer Out		发车时间 Departure Time		还车公里数 Odometer In		还车时间 Return Time	
以上内容无异议，双方据此计算停运损失费、维修费等费用。By signing below both parties agree to calculate cost of non-operation loss, repairs and other related charge based on information given above.				以上内容无异议，双方据此计算停运损失费、维修费等费用。By signing below both parties agree to calculate cost of non-operation loss, repairs and other related charge based on information given above.			
服务代表签字：Service Rep Sig		客户签字：Customer Sig		服务代表签字：Service Rep Sig		客户签字：Customer Sig	
日期 Date		日期 Date		日期 Date		日期 Date	

图 7-6　国内某汽车租赁企业的验车单

时，承租人应承担违约责任：

（1）因承租人交通违法行为给汽车租赁经营者造成损失的；

（2）恶意提供虚假信息的；

（3）转卖、抵押、质押、转借、典当、转租租赁汽车的；

（4）拖欠租金或其他费用的；

（5）租赁车辆用于从事违法犯罪活动的。

当发生下列情形时，出租人应承担违约责任：

（1）经专业检测机构认定租赁车辆达不到标准的，且出租方拒绝在承租方要求的合理期限内替换车辆的；

（2）未提供在租期内合法有效的机动车行驶证、年检合格证及保险单复印件等的；

（3）租赁车辆在使用中发生抛锚或故障，出租方未按合同约定尽到救援义务的；

（4）未协助处理在租赁期内的车辆保险事故及车辆维修工作的；

（5）因出租方原因导致车辆未按时交付且未提供替换车的。

第三节　短期汽车租赁交车后业务

交车后业务是指租赁期满后，承租人将车辆送至汽车租赁门店或者指定地点后，应办理的相关业务。主要包含还车、交通违法处理以及车辆整备等。

一、还车业务

还车是承租人使用租赁汽车后，将车辆使用权归还给汽车租赁经营者的行为。

租约到期后，承租人将车辆送至汽车租赁门店或事先约定的地点，并持租车合同、证件以及相关单据供出租方查验。根据合同和验车单，汽车租赁门店服务人员和承租人共同对归还的车辆进行检查，如果车辆没有损坏，承租人即可直接办理租金结算业务。如果在检查过程中发现车辆有损坏情况的，汽车租赁门店的技术人员则需要出具具体的损坏鉴定，确定双方的损坏责任。若是由于承租人过错造成损坏的，则根据有关规定与承租人协商确认后，提出赔偿方案，双方若无异议，承租人缴纳赔偿金和租金结算，完成还车业务。图 7-7 为还车业务流程图。

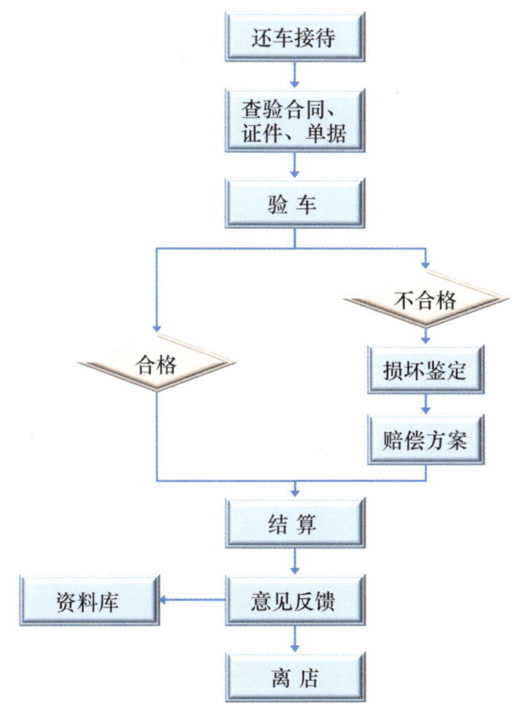

图 7-7　还车业务流程图

二、交通违法处理

交通违法除现场处罚外，车辆违法信息发布距离违法实际发生时间存在一定滞后。对于短期租赁业务，承租人归还车辆完成租赁交易并经过一段时间后，汽车租赁经营者可能查询到租赁汽车有交通违法记录，如未与承租人进行约定，则会因承租人的交通违法行为而给汽车租赁经营者造成经济损失。因此，对租赁车辆在租赁期间的交通违法处理，也是汽车租赁业务流程的必要环节，并且应在汽车租赁合同中约定租赁车辆交通违法处理方法。这也是汽车租赁企业降低经营风险的一项具体措施。

租赁车辆交通违法处理的一般操作方法为：在承租人还车后，出租方根据合同发生时间进行交通违章记录查询，如没有交通违法信息，则退还承租人保证金或者解除冻结信用额度；如发现交通违法信息，汽车租赁企业应告知承租人，并在预授权或保证金中扣除与罚款等额的款项。

三、车辆整备

车辆整备是指本次汽车租赁业务结束后至下次租赁业务开始前，对租赁汽车进行清洁、整理及检查，使租赁汽车符合车辆技术要求、保持车况良好的业务活动。车辆整备是开展汽车租赁业务的基础性工作，是使租赁汽车保持清洁、安全、技术状况良好的保障，是为承租人提供更好的汽车租赁服务的前提。

图 7-8 为美国某汽车租赁公司的车辆整备场地，可以进行加油、清洗等整备工作，从客户还车到准备好再次租赁不超过 20 分钟。

图 7-8　美国某汽车租赁公司的车辆整备场地

专栏 7-3

租赁车辆整备要求

1. 安全要求

用于租赁的汽车应满足《机动车运行安全技术条件》（GB 7258—2004）的相关要求，配有有效的机动车安全检验合格标志。

2. 车辆状况要求

（1）发动机、底盘运转稳定、正常、无异响。

（2）制动、转向、离合和变速各系统操纵灵敏，工作可靠。

（3）发动机润滑油、冷却液和蓄电池电解液加注量符合规定，通气阀（孔）畅通。

（4）车架、车身、悬架、轮毂和各传动杆（件）完好无损，紧固部位紧定可靠，油脂润滑部位润滑充分。

（5）各部管路畅通，密封良好，无漏水、漏油和漏气现象。

（6）电路连接正确可靠，灯光、仪表、喇叭、信号装置及其他电气设备齐全完好。

（7）轮胎完好，气压正常。

3. 外观内饰要求

（1）车辆外观无明显损伤、缺陷和污物；

（2）车内整洁，无异味、无污渍；

（3）对车辆进行消毒处理。

4. 随车物件要求

随车工具、备胎、灭火器、故障警示牌、防盗装置等附属物件齐备、完好。

第四节　长期汽车租赁业务流程

长期汽车租赁业务与短期汽车租赁业务流程内容虽然差别不大，但是，在具体操作层面和流程细节上还存在着较大的差别。差异主要表现在获取客户渠道、合同签订流程以及租金支付方式等方面。短期汽车租赁业务提供的是一种标准化的作业流程，而长期汽车租赁业务的流程则更加灵活。长期汽车租赁业务主要包括汽车租赁合同签署前业务和汽车租赁合同签署后业务，具体包括是：联络客户、公开招投标、合同签订、车辆采购及整备交付、租后服务、租金支付，合同履行完毕。

一、汽车租赁合同签署前业务

1. 目标客户选择

与短期汽车租赁服务对象主要是个人用户不同，长期汽车租赁主要面向的是企业、政府及事业单位。汽车租赁经营者通过主动上门与有需求的客户联络、沟通，了解目标客户的需求。

2. 投标

汽车租赁经营者针对承租方提出的招标细节以及需求，制作招投标文件，参加承租方组织的公开招投标。承租方对参与投标的汽车租赁经营者的实力、信誉等方面进行综合评价，确定中标者为该企业的汽车租赁服务供应商。

3. 签订合同

承租双方就合同具体条款进行协商和谈判，内容主要涉及服务项目、租金价格、服务期限、服务标准等内容，并对双方的权利和义务进行规定和确认。与短期汽车租赁业务不同，长期汽车租赁业务的合同内容是灵活的，可针对不同企业的特点进行修改，按照承租方的需求制订专门的车辆解决方案，每个客户的合同内容之间存在较大差异。在合同细节达成一致后，双方授权代表在合同上签字并加盖双方公章，合同生效。

二、汽车租赁合同签署后业务

1. 车辆采购及整备交付

根据与承租方协商的合同内容，如果承租方要求使用全新车辆，则汽车租赁经营者需根据承租方的要求购置车辆，在办理完毕车辆有关手续后交付承租方使用。若承租方不要求新车，则汽车租赁经营者根据承租方要求整备车辆，配备车上设备，并交付使用。

车辆整备完成后，承租双方代表进行车辆交接，共同检查车辆是否符合承租方的要求，确认无误后，双方代表在交车单上签字。至此，车辆使用权移交给承租方。

2. 租后服务

租后服务是长期汽车租赁业务中的一个重要部分，主要由两方面服务组成：

（1）常规服务程序，包括车辆维护、年检、救援、保险理赔等。此外，由于长期汽车租赁业务租赁期限较长，一般提供替换车服务。

（2）服务质量监控服务，包括车辆服务质量的监控和租赁车辆日常行驶的安全监控，前者包括服务质量培训、行业评比、服务质量考核等项目，后者包括车辆加装安全性监控设备，如安全行车记录仪、卫星定位系统等装置，以及对外聘驾驶员的安全管理及定期安全教育，替换车辆的安全监控等。

3. 租金及费用支付

长期汽车租赁业务的租金支付方式与短期汽车租赁业务的租金支付方式有较大差异。短期汽车租赁业务的租金一般不可协商，而长期汽车租赁业务租金的标准、收取方式和周期一般可由承租方与出租方共同协商决定，支付方式也较为灵活多样。租金的标准可共同商定，支付周期可选择月付、季付、年付，付款方式可选择支票支付、现金支付、转账支付等。

4. 合同履行结束

租车合同临近期限时，双方可进行合同续签的协商。若同意续签合同，则进行续签合同条款的谈判；若无续签合同意愿，则正常服务直至合同履行结束。合同到期后，双方代表对归还的车辆进行检验，检查确认无异议后进行车辆交接，双方代表签字。合同至此执行完毕。图 7–9 为长期汽车租赁业务流程图。

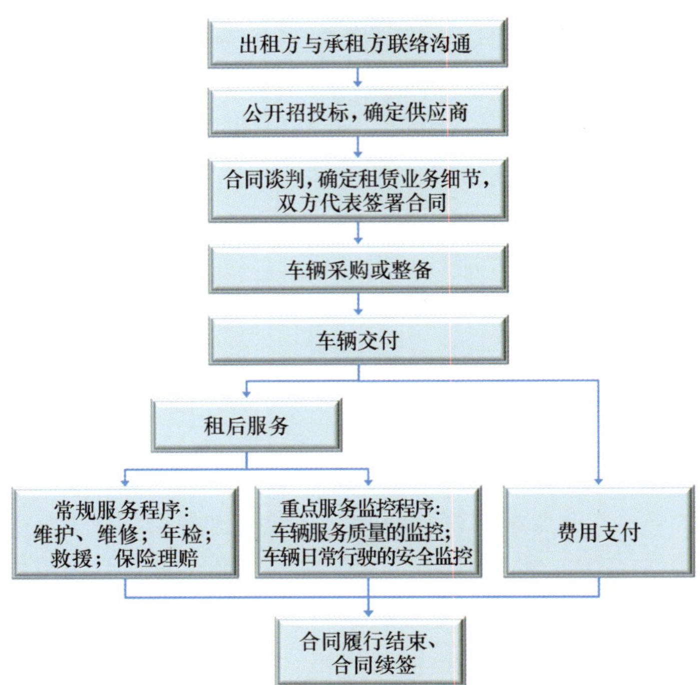

图 7-9　长期汽车租赁业务流程图

第八章　汽车租赁售后服务

汽车租赁售后服务指的是承租人在办理完租赁手续，获得车辆使用权后，在车辆使用过程中享受到的由出租方提供的各项服务。在整个汽车租赁服务流程中，承租方开始使用租赁车辆仅仅是整个租赁服务的开始，还需要出租方提供一系列完备的售后服务。如车辆在使用过程中需要根据行驶里程、固定周期进行车辆的维护维修；车辆在发生交通事故时，需要及时进行事故救援和保险理赔；汽车租赁企业通过对客户的服务回访和投诉受理，建立服务考评机制。因此，汽车租赁售后服务是汽车租赁服务环节的重要组成部分，关系到汽车租赁服务的水平和品质。

第一节　汽车租赁保险

一、汽车租赁保险的定义

汽车租赁保险是以保险租赁汽车的损失，或者以保险租赁汽车的出租方、承租方或驾驶员因驾驶租赁车辆发生交通事故所承担的责任为保险标的的保险。为提高租赁车辆使用的安全性，并为承租方及出租方分担车辆使用过程可能发生的风险，租赁车辆应当按国家规定和承租人需求购买保险，当发生事故或意外时，能在一定程度上对承租方和出租方起到保障作用。

租赁车辆保险与私人车辆保险相比，存在着一定差异。

（1）保险费率不同。租赁车辆保费一般高于私人车辆保费。

（2）存在连带赔偿风险。当租赁车辆发生交通事故时，一般按照法律规定承担赔偿责任。但是，在实际案例中，汽车租赁经营者可能承担了一部分超出保险赔付额度的赔偿。

（3）涉及权益主体多，租赁车辆的保险合同涉及保险公司、出租方、承租方三方的权益。

二、汽车租赁保险的种类

目前，汽车租赁企业除应按照国家法律规定投保机动车交通事故强制责任保险外，也通过投保第三者责任保险、车辆损失保险、车辆盗抢保险或者通过互保、自保等方式为车辆承租人分担意外风险。其中，机动车交通事故责任强制保险、车辆盗抢保险、车辆损失保险和第三者责任保险为四个主要基本险种。此外，车辆租赁保险还包括其他种类的商业车险，特别是在长期汽车租赁业务中，承租方根据用车需要，要求出租方投保特别保险，如车上人员责任保险、车身划痕保险、玻璃单独破碎保险、自燃损失保险等。

三、保险理赔及事故处理流程

租赁车辆发生交通、被盗等事故后，保险理赔的主要流程如下：

（1）事故报告。车辆发生交通事故后，承租方应立即拨打122报警，并等待公安部门判定事故责任方，同时通知出租方以及车辆所投保的保险公司。车辆发生非道路交通事故，如被盗、被纵火等事故后，应及时向事故发生地所属公安部门报案，并通知出租方以及车辆所投保的保险公司。

（2）提交资料。出租方业务员应积极协助承租人从公安部门获得保险索赔所需必要文件；承租方应尽快将保险理赔所需事故材料完整提供给出租方；承租人所提供的资料应齐全、清晰，以免保险公司拒赔而造成不必要的损失。

（3）车辆维修。发生事故后，承租方不应擅自维修事故车辆，以避免承担赔偿损失等违约责任。车辆损失应先由保险公司进行定价（定损）后再修理。

（4）保险理赔。车辆维护完毕后，应备齐各项单证文件，进行保险理赔。其中，未造成人身伤亡的交通事故，保险理赔应当提供交通责任认定书、当事人驾驶证、车辆行驶证、修车发票等；涉及人身伤亡的交通事故，除前述材料外，还应提供伤者诊断证明、残疾者评残法医鉴定证明、死亡者死亡证明、抢救和治疗费用发票、伤者或死亡者工资收入证明、家庭情况证明、保险公司针对特殊情况要求的其他必要证明文件等。

（5）费用垫付。事故损失费用的垫付，应由出租方与承租方协商确定或按照合同约定执行。如由承租方对事故损失情况进行垫付，在保险公司理赔结束后，出租方应及时将所得理赔款中承租人已垫付部分返还。

（6）不予理赔情形。根据保险公司相关规定和双方约定，当出现以下情况的，一般不予理赔：一是不可抗力；二是被保险人、驾驶人或受害人主观故意导致事故发生；三是驾驶人利用车辆进行犯罪活动等。

汽车租赁保险理赔流程如图 8–1 所示。

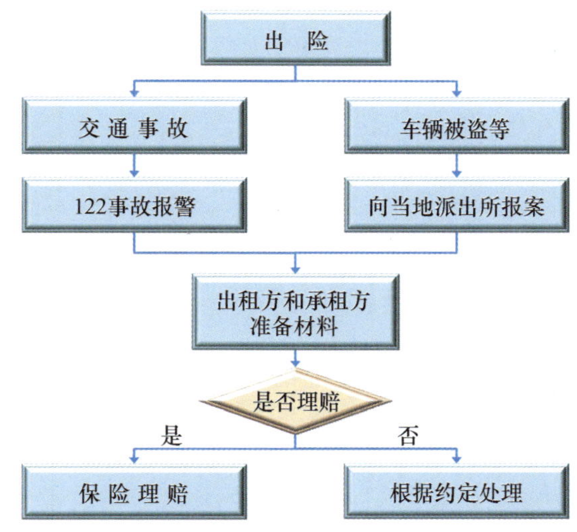

图 8–1　汽车租赁保险理赔流程示意图

第二节　汽车租赁救援

一、救援服务内容

承租方在车辆使用过程中可能出现由于车辆故障或交通事故等各种

原因，导致车辆无法继续行驶的情况，出租方应对租赁车辆提供必要的救援服务。汽车租赁公司可自行组织或与专业救援公司、专业修理厂签订协议，实施救援工作。出租方应设置24小时救援服务电话，安排人员接听，及时实施救援服务。救援服务主要包括如表8–1所示内容。

救援服务内容表　　表8–1

服务项目	服务描述
事故救援	租赁车辆出现事故，无法继续安全行驶时，提供拖车或现场小修服务
更换备胎	租赁车辆因轮胎损坏无法行驶时，提供更换备胎服务
送油服务	租赁车辆因无燃料而无法起动或行驶时，提供送油服务
开锁服务	租赁车辆钥匙遗失或钥匙锁入车内，提供开锁服务
蓄电池搭电	租赁车辆因蓄电池缺电或发电机故障而无法起动时，提供搭电服务
其他	根据具体情况，提供必要的救援服务

二、救援服务流程

（1）申请救援。车辆发生故障或交通事故后，承租方打电话向出租方请求救援，并描述具体地点、联系方式、车辆状况等相关信息。

（2）确认信息。出租方的业务员收到救援信号后，应确认相关信息，并将承租方所在具体地点、联系方式、车辆状况、车损程度、是否需要替换车辆等事项及时通告车辆管理、救援保障等相关部门。

（3）救援派遣。车辆管理、救援保障等相关部门尽快安排救援，准备救援车辆、随车修理工具、通信工具及拖车等车辆和工具，并根据客户要求派遣替代车辆。

（4）检查定责。救援人员到达事故现场后，应仔细检查，与承租方共同确定事故原因、责任方及车辆损坏程度，双方应在救援单据上记录情况并签字确认。如可进行现场维修的，则抓紧进行现场维修；如无法立即进行现场维修的，则应将车辆拖回修理，并根据客户要求决定是否提供替换车辆服务。需要报警的，应及时报警。

（5）救援返回。如现场维修完毕，救援人员返回汽车租赁公司后提交救援相关单据；如无法进行现场维修，并将事故车辆拖回的，还需办理车辆交接手续，交由汽车租赁公司维修部门处理。

（6）其他事项。在救援费用方面，车辆本身发生故障引起的救援服务，费用一般应由出租方承担；由于承租人使用不当或交通事故引发的救援服务，费用一般由承租人承担，但也可双方协商。车辆发生故障后，出租方应为承租人提供替换车辆。承租人可就近到出租方门店处理，更换同级别车辆或选择其他级别车辆，租金一般按原车型计费或双方协商调整费用。

救援服务的主要流程，如图 8–2 所示。

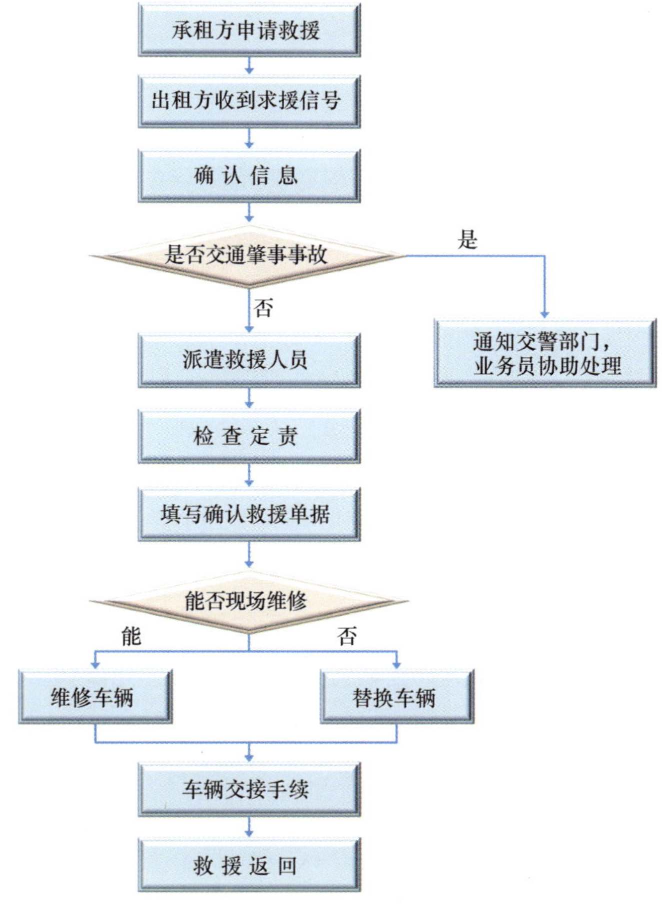

图 8–2　救援服务流程图

第三节　租赁车辆的维护

出租方用于租赁的车辆，应当保证车辆性能及安全状况良好，保证车辆可靠性。因此，汽车租赁经营者应当按规定和标准对租赁车辆进行维护。租赁汽车的维护除一般要求外，还应分别针对长期汽车租赁和短期汽车租赁作出不同的要求。

一、一般要求

出租方应对每辆租赁汽车建立车辆档案，记录行驶里程数及每辆车维护状况，以及车辆维修记录。

租赁车辆应按行驶里程数进行强制维护。当租赁汽车行驶里程数接近或达到需维护的公里数时，汽车租赁公司应对车辆进行维护，如车辆处于租赁状态，出租方应联系客户将车辆召回。汽车租赁公司将车辆送交具有资质的汽车修理厂实施维护，并将维护情况记录在车辆档案中。租赁车辆维护合格后，出租方将租赁车辆交回客户。

此外，租赁汽车出现故障或发生交通事故，出租方对车辆实施救援后，应将租赁车辆交给有资质的汽车维修厂进行修理，并将维修情况记录在租赁车辆档案中。租赁车辆维护合格后，出租方将租赁车辆交回客户。

二、短期租赁车辆的维护

汽车租赁企业应加强对短期租赁车辆的维护，并达到车身清洁，无明显撞痕；内饰干净、整洁，无破损；轮胎完好，无鼓包，胎面无明显偏磨；备胎、灭火器、故障警示牌、随车工具等齐全完好；机动车行驶证、保险单复印件、交强险标志、年检标志等齐全有效，并正确放置、粘贴；灯光、仪表、空调、玻璃水、蓄电池等设施设备性能正常。

三、长期租赁车辆的维护

长期租赁车辆的维护服务需双方协商后达成协议，确定承租方所需维护服务的项目和相关费用。一般出租方应为租赁车辆提供规定里程内的免费车辆故障维修、定期维护服务，包括质量保证范围的维修项目、车辆自身故障的维修和损耗换件、其他非人为因素导致的维修项目。

第四节　汽车租赁服务跟踪

汽车租赁是服务性行业，出租方应时刻关注服务质量及承租方对服务质量的评价、意见等信息，并选取适当的方式对服务进行跟踪调查。

一、客户投诉及处理

在日常工作中，汽车租赁公司应设置专门部门及人员，制订客户投诉处理方案，以便及时应对、快速反应。一些汽车租赁公司还随车附带服务监督卡，告知承租方投诉渠道及投诉方法。

一般来讲，要正确处理客户投诉，并告知承租人以下信息：一是投诉处理依据；二是投诉的受理范围及其受理方式；三是受理投诉的程序、处理方式；四是对处理结果产生争议的解决途径。

二、客户服务质量信息采集

汽车租赁企业应主动获取客户对服务质量的评价信息，以便及时、准确了解汽车租赁服务质量水平，以便企业持续改进服务。可采取电话回访、问卷调查、邀请第三方进行调查等多种方式进行服务评价信息采集。

三、服务质量控制

汽车租赁企业应保证汽车租赁全过程的质量控制。主要可采取如下方式：一是对全体员工定期进行质量培训，并在培训结束后考核培训效果；二是积极参与、配合政府或行业协会组织的行业服务规范评比、检查，并根据结果对自身进行改进、完善；三是邀请有资质的第三方对企业进行工作质量认证，如ISO系列认证；四是将员工服务质量纳入内部常规考核范围，建立服务考评机制，使服务质量与个人绩效收入挂钩。

第九章　汽车租赁成本与价格

汽车租赁成本是汽车租赁服务产品价值的组成部分，是制定汽车租赁服务产品价格的重要考虑因素。而汽车租赁价格水平是影响消费者选择的重要因素。汽车租赁企业通过采用有效成本控制措施，设定消费者接受的价格，获得合理利润回报，保证企业的持续、健康发展。本章通过汽车租赁经营成本、定价机制以及风险控制三个方面，具体分析汽车租赁成本和价格。

第一节　汽车租赁经营成本

一、成本构成

汽车租赁企业会因客户群体、业务形态不同，提供多种不同的汽车租赁服务产品，但经营成本构成基本相同，包括车辆费用、营销费用、管理费用和其他费用四类。

1. 车辆费用

成本费用包括车辆折旧费用，车辆年检、上牌、换牌费用，车辆保险费用，车辆维护与修理、配件费用，车上设备费用，车辆调度、停车费用等，事故处置及赔偿费用。

2. 营销费用

营销费用包括市场推广费用、业务招待费等。近年来，随着汽车租赁市场的快速发展，市场推广费用占汽车租赁企业成本的比重越来越高，国内外汽车租赁公司纷纷采取邀请名人代言、大量投放楼宇广告、在高速公路两侧设施设置户外广告等手段，进一步扩大汽车租赁企业的知名度和影响力。图 9–1 为美国高速公路路边的汽车租赁广告。

图 9-1　美国高速公路路边的汽车租赁广告

3. 管理费用

管理费用包括车船税，印花税，员工工资，社会保险费用，办公用品费，会议费，差旅费，公正、审计、认证、年检费用，计提的福利、教育、工会费用，咨询服务费，办公设备折旧费，通信费用，水电燃气费用，房屋租赁费用等。

4. 其他费用

其他费用包括刷卡交易银行收取的手续费、银行贷款利息支出等。

图 9-2 为国内某大型汽车租赁企业的经营成本构成，其中车辆折旧费占 30%，车辆维护费占 12%，车辆保险占 8%，店租和店面雇员工资占 10%，市场销售占 9%，汽车租赁企业总部管理成本占 10%，利息、税金及其他占 11%，净利润占 10%。

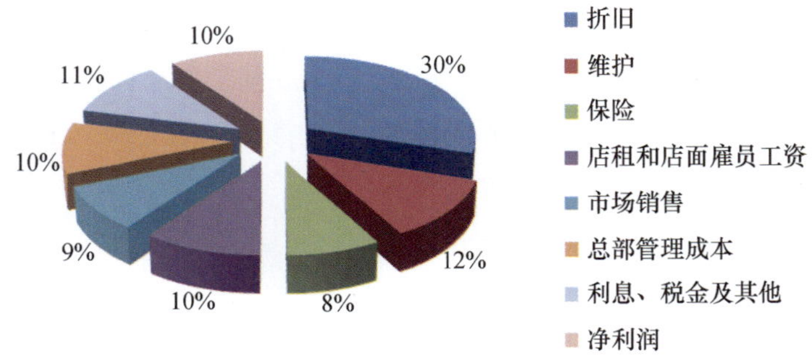

图 9-2　国内某大型汽车租赁企业的经营成本构成

二、成本控制

目前，从汽车租赁企业的经营管理实践来看，车辆购置、贷款融资及二手车处置是汽车租赁企业加强成本控制、提高企业收益的三个重点环节。

1. 车辆购置

汽车租赁企业是汽车产业链中的重要环节，是汽车销售的重要渠道，通过与汽车生产厂商的密切合作，可以获得较高的购车价格优惠折扣，以较为便宜的价格购买车辆，提高汽车租赁企业的利润率。因此，通过与汽车生产厂商密切合作，选择合适的车型品牌，合理控制车辆更新购置速度，可以有效增加汽车租赁企业对汽车上游厂商的议价能力，获得较高的购车优惠。例如，瑞卡租车专注于个人自驾租车业务，车型集中，选择 1 ～ 2 款大众经典车型，通过集中采购，可以与产业上游的汽车生产厂商直接建立深度战略合作，确保采购的成本优势，实现企业所有车辆都在 4S 店进行维护，确保车辆运行状态良好可控，用户驾车更安全。

2. 贷款融资

汽车租赁是资金密集型行业，需要大量资金购置车辆，不断扩大企业规模，形成网络化、规模化、品牌化效应。通过从银行获取对企业的循环授信或从金融公司获得购车抵押贷款，充分利用财务杠杆效应，设置合理融资方案，可提升汽车租赁企业扩张速度。

3. 二手车处置

二手车处置是汽车租赁公司获取利润的最终环节。目前，我国二手车市场需求较为旺盛，为消化汽车租赁公司的淘汰车辆提供了充足空间。但还需进一步探索专门为汽车租赁公司提供批量处置二手车的销售模式，从而提升汽车租赁业二手车处置效率和能力。

第二节　汽车租赁定价机制

目前，汽车租赁业的租金价格可分为短期汽车租赁价格（即日租价格）或长期汽车租赁价格（月租价格），汽车租赁企业对于长期汽车租赁用户可协商确定租金。此外，汽车租赁企业与消费者签订租赁合同时，一般会事先约定租期和每日行驶里程限制，对于超出约定期限和里程限制的，收取超时费和超里程费。确定汽车租赁租金价格，一般采用以下方法：

1. 成本导向定价法

成本导向定价法是通过测算企业经营成本，在确定企业获得的利润水平基础上，确定租金价格的一种常规定价方法。主要综合考虑以下因素：运营成本、税金和利润；车辆标准，如车辆售价、新旧程度、车质等级、排气量、车上设施等；服务项目，如某些非必须的，但为承租人便利而提供的增值服务项目，收取合理的费用。此外，租期是定价过程中需要考虑的重要因素，决定经营成本和出租率。长期汽车租赁的经营成本要低于频繁的短期汽车租赁，反映在汽车租赁价格上，一般长期汽车租赁价格要低于短期汽车租赁价格。

2. 供求关系定价法

供求关系定价法就是通过分析租赁市场的供给、需求状况，分淡季、旺季等不同时段进行的一种动态定价方法。考虑的主要因素包括：车辆租期、位置、库存等，以及预订时间、企业竞争力和目标利润等因素的综合分析。此外，汽车租赁企业同其他企业一样，也会选择适当时段推出促销活动，以此提高某些特定车型车辆的出租率，提高企业知名度，提高市场占有率等，促销活动所涉及的车型、车辆以及促销活动的力度、方式均会发生较大变化。

3. 随行就市定价法

随行就市定价法又称流行水准定价法，它是指在市场竞争激烈的情况下，企业为保存实力采取按同行竞争者的产品价格定价的方法。随行就市定价法，这种“随大流”的定价方法，是一种较为稳妥的定价方法，也是竞争导向定价方法中广为流行的一种。随行就市定价法定价的具体形式有两种，一种是随同行业中处领先地位的大企业价格的波动而同水平波动；另一种是随同行业产品平均价格水准的波动而同水平波动。在竞争激烈、市场供求复杂的情况下，单个企业难以了解消费者和竞争者对价格变化的反应，采用随行就市的定价方法能为企业节省调研费用，而且可以避免贸然调整汽车租赁价格所带来的风险。

4. 价格管理策略

汽车租赁业的价格管理，通常包含三个基本过程：需求预测、价格细分、价格确定。一是需求预测。尤其是在出租率相对较低的时期，在保持固有租金标准和出租率的前提下，通过对价格敏感的客户进行有条件的价格促销，提高租金收入。二是价格细分。如在出租率下降的阶段，运用降价手段提高出租率和收入。在严格实行收益管理的基础上，租金价格可降至不低于营业费用、车辆磨损、里程损耗等运营成本。三是价格确定。如对预定客户实行比门市价格优惠的预定价格，对不同等级的会员给予不同的优惠政策。

第三节　汽车租赁风险分析与防范

风险分析是指汽车租赁企业在开展汽车租赁经营过程中对存在的经营分析进行识别和防范。汽车租赁经营风险主要源于三个方面：一是租赁汽车具有高流动性；二是租赁汽车是具有高附加值的商品，有变现性；三是租赁汽车所有权与使用权分离。租赁汽车固有的特性决定了汽车租赁经营具有较高的风险性。对汽车租赁风险分析是预防风险发生、降低风险损失的基础，主要目的是识别风险。风险防范是指对汽车租赁经营过程中可能发生的风险进行控制和预防。

一、风险分析

汽车租赁主要风险有以下五个方面：

1. 经营性风险

经营性风险是指在汽车租赁业务中由于经营管理因素而造成的对当事人经济效益的可能性影响。出租方的经营性风险主要表现为在租赁项目选择和资金筹措过程中，没有对市场的当前与未来供需情况进行详细的分析研究，没有进行科学详尽的分析、比较、优化，对项目的可能性把握不准，降低了利润率甚至出现亏损；或因经营不善，造成资金不足，未能按期为承租方提供合同约定的车辆与服务，从而造成损失。

2. 信用风险

信用风险主要有两类：一是承租人使用真实身份租车，但由于承租人经济情况恶化，将车辆抵押或转租给第三方，使车辆在租赁中失控；或承租人拖欠租金，使出租方不能正常顺利周转资金。二是承租人恶意租车，目的就是骗取租赁车辆后非法盗卖、抵押牟利。除了使用虚假、伪造的身份证明外，现在恶意租车人开始使用真实的营业执照等法人身份证明进行骗租，使汽车租赁企业难以防范，由此产生经营风险。

3. 重大交通事故风险

汽车租赁业属于交通运输行业，主要提供车辆租赁服务。承租人在使用租赁车辆的过程中，难以避免出现交通事故乃至重大交通事故。一旦发生交通事故，可能造成车辆损失、损毁和人员伤亡。在这种情况下，即便保险公司理赔，实际产生的损失很可能远超保险公司所理赔的额度，从而对汽车租赁企业造成较大损失。

4. 不当操作导致车辆故障率升高风险

承租人因驾驶习惯或主观故意对租赁车辆进行不当操作，使车辆发生重大故障或故障率升高，从而导致车辆停驶，使汽车租赁企业的维修费用及配件费用大幅上升，而且会导致车辆迅速贬值。

5. 出租率下降风险

在汽车租赁过程中，由于承租人的原因，可能造成租赁车辆停驶，从而影响出租率。例如，租赁车辆被盗，用租赁汽车载运强烈异味物品，因刑事或民事诉讼而导致车辆被扣押等。此外，一些城市分时段限行政策也会造成一部分租赁车辆的停驶。

二、风险防范

在汽车租赁企业的风险管理中，绝对避免风险是不可能的，因此应科学防范，并最大限度地分散、化解和有效补救。

1. 加强信用审核

信用审核包括四个方面：一是基本信息审核。汽车租赁经营者对承租人资格应严格审核，借用技术和网络手段，识别承租人所持有的身份证件真伪。二是查询承租人银行信用信息。对承租人银行信用、包括个人信用记录、贷款情况进行核查。三是既往租车信用信息。成为会员的承租人，可通过企业信息平台，或借助行业协会、行业管理部门建立的汽车租赁信用信息平台，查询承租人以往租车信用记录。四是企业审核和评级。针对企业客户的有关证件以及信誉、经营能力、财务状况等资料，对企业用户进行审核和评级，对评级较低的企业用户，进行合作时应更加谨慎。

2. 加强科技应用

建立企业车辆信息管理平台，利用车载全球卫星定位系统，加强对车辆的实时管理，如发生车辆被盗、被抢、被偷等事件，应及时报案。

三、风险补救措施

1. 车辆失控补救

确认租赁车辆失控后，应尽快寻找承租人和租赁车辆的下落，整理收集租赁合同等证据。如果汽车租赁企业自行收回车辆和欠款失败，承租人的行为又属于刑事犯罪的，汽车租赁企业可向公安机关报案。如果不是刑事案件的，可向法院提起民事诉讼。

2. 车辆被盗补救

租赁车辆被盗后，出租人应立即协同承租人到公安部门报案，并通知保险公司。如 3 个月内未能破案，汽车租赁企业可凭借公安部门开具的《车辆被盗证明》，向保险公司办理理赔手续。

3. 拖欠租金补救

出租人在合同履行期间，可根据承租人拖欠租金的情况，随时终止合同，以尽快收回租赁车辆为首要目标，防止由拖欠租金转为对租赁车辆管理失控，以免遭受更大的风险。另外，对承租人拖欠租金的行为，还可向法院提起民事诉讼。

第十章　汽车租赁信息化

进入21世纪以来，信息技术获得了日新月异的发展，其普及应用对于经济、社会、政治、文化等领域均产生了广泛深入的影响。信息化建设水平的高低，已经成为衡量一个企业创新能力和综合竞争力，衡量一个行业现代化程度的重要标志。在汽车租赁业的发展过程中，以电子商务和物联网为代表的信息技术的广泛应用，为汽车租赁业的发展注入了强大的驱动力。

第一节　汽车租赁信息化概述

一、汽车租赁信息化的作用

传统汽车租赁业与现代信息技术的结合，被形象地称为"水泥+鼠标"的发展模式。具备劳动密集、资金密集等典型传统行业特征的汽车租赁业，通过引入先进的信息技术，实现了向知识、技术密集型现代产业的转变。基于网络的汽车租赁订车系统、便捷的电子结算方式和周到的信息服务，使汽车租赁业非常适应现代社会快节奏的生活方式，成为深受公众喜爱的新兴交通运输服务业。

汽车租赁信息化的作用具体体现在以下四个方面：

1. 优化业务流程，提升租车体验

汽车租赁企业利用先进的信息技术对汽车租赁业务流程进行改造和提升，为公众提供体贴、规范、安全的租车服务。公众可以便捷地查询车型类别、服务品种和价格等信息，进行租车预订、"无纸化"结算、异地还车等，享受便捷、优质的租车体验。图10-1为国外汽车租赁企业的自助服务终端，可以通过服务终端进行自助式租、还车服务，为顾客

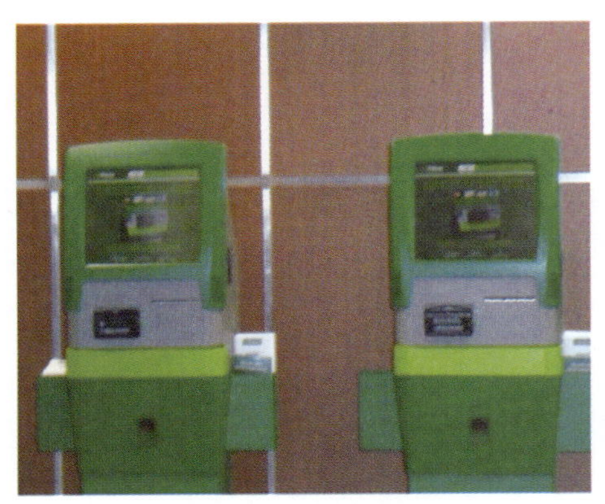
图 10-1　国外某汽车租赁企业自助服务终端

提供服务便利。

2. 提升运营水平，提高管理效率

汽车租赁企业的信息化建设为其业务管理提供了良好的支撑，使企业信息流与资金流集中在同一个平台上运作，各职能部门、人员在相同的平台上进行相关的操作和信息资料的获取，保证企业高效、精确地运转。借助良好的信息系统，汽车租赁企业管理架构可以更加扁平化，从而提高工作效率，降低管理成本。

3. 实现资源共享，促进企业合作

汽车租赁信息化建设，有助于汽车租赁企业之间信息资源的交换与共享。在此基础上，企业相互之间可以互为代办业务，实现“强强联合”，从而实现汽车租赁服务网络的全面覆盖。此外，利用现代网络技术，加强汽车租赁企业之间的信息交流，还可提升汽车租赁及相关企业预防诈骗、抵御风险的能力。

4. 强化监管手段，规范市场发展

汽车租赁业管理部门可通过信息化建设，为汽车租赁企业建立信用档案，面向社会公众提供信用信息的查询服务，可以有效监督汽车租赁企业的经营行为，使得汽车租赁企业自觉约束经营行为，有助于建立起“政府监管、企业自律、社会监督”的信用管理和服务体系，保障汽车租赁市场健康发展。

二、汽车租赁信息化的发展趋势

1. 促进服务模式不断创新

与传统的交通运输方式相比，汽车租赁的业务模式更为多元化，其服务面向商务、旅游、婚庆、会务、残障人士出行等多种需求。借助先进的信息技术，不断创新服务模式，给客户更多贴心服务体验，提升对客户的吸引力。

专栏 10-1

吉普卡汽车租赁公司会员卡可以开、锁"共享"租赁汽车

汽车共享租车是新兴的汽车租赁服务模式，美国吉普卡汽车租赁公司为汽车共享租车服务的典型代表。汽车共享租车实行会员制，为客户提供最低以小时为租期单位的短期汽车租赁服务。会员直接通过网上注册，1～2个工作日内收到会员卡，可用于打开租赁汽车门锁。图10-2为吉普卡汽车租赁公司会员卡，可以用于开、锁"共享"租赁汽车。车辆起动后车内的计时系统开始工作，客户将车还到指定地点后，租赁公司从会员的信用卡扣款。客户可通过互联网、手机应用程序或电话预订服务。租赁汽车流程可以完全网络操作，无需和租赁公司工作人员直接接触，从而达到降低人工服务成本，实现便捷的自助消费，使汽车共享租赁服务模式得以流行。目前，美国约有10000辆汽车共享租赁车辆，车型以低档车为主。

图10-2　吉普卡公司会员卡可以开、锁"共享"租赁汽车

汽车共享租车服务通过增加车辆的利用率，可以降低私家车的增长。据吉普卡汽车租赁公司介绍，每辆共享汽车可以替代10～15

辆私家车，能够减少约 40% 汽车的碳排放量，可以节约每个使用者数千元的车辆使用费。吉普卡汽车租赁公司汽车共享租车点多设在居民比较集中的社区、学校或市区，租车费用约为 8 美元/小时或 60 美元/天，租车费用含油费、维护费、保险费和停车费等。图 10-3 为吉普卡汽车租赁公司的专用停车区域，并用公司的标志性颜色绿色来表示。2010 年，吉普卡汽车租赁公司有 60 万会员，8200 辆用于共享的租赁汽车，业务量每年 350 万笔；营业收入已由 2008 年的 9600 万美元增至 2010 年的 1.86 亿美元，年增长率约 40%。公司营业收入主要包括车辆使用费收入和会员年费（包括申请费）收入，其中车辆使用费收入占近 9 成（2009 年车辆使用费收入占比达 88.7%）。除吉普卡汽车租赁公司外，北美其他大型汽车租赁公司也开始开展汽车共享租车业务，比如安特普利斯汽车租赁公司的“大家的车（We car）”品牌、赫兹公司的“连接（Connect）”品牌业务都是专门为汽车共享租车设置的业务。

图 10-3　吉普卡汽车租赁公司的专用停车区域

2. 推动服务水平不断提升

目前，国内较大的汽车租赁公司都开展了企业管理信息化建设，诸如门户网站、租车预订系统、业务管理系统等，这些信息化建设在汽车租赁企业提高管理效率、优化服务流程等方面发挥了重要作用。图 10-4 为某租车公司的监控平台，可以通过监控平台显示取车时间、还车时间、行驶总里程、行驶轨迹等相关信息。

图 10-4　某租车公司的监控平台

信息化技术除可用于服务汽车租赁企业日常运营外，也能够作为社会公共服务和交通运输行业管理的重要载体。汽车租赁公共信息平台能够将分散在政府部门和汽车租赁企业的信息资源整合在统一的平台之上，通过进行充分的挖掘、加工和利用，确保政府与企业之间、企业与企业之间进行信息的交换与共享，实现汽车租赁活动参与各方的有机衔接和协调配合，不断优化资源配置。通过汽车租赁公共信息平台，可以建立汽车租赁企业与公安等部门的信息核查机制，对证件的有效性进行核查，提高汽车租赁企业预防诈骗的能力。通过汽车租赁公共信息平台，对汽车租赁企业市场经营活动的信息采集，汽车租赁公共信息平台还有助于增强汽车租赁管理部门的市场监管与决策能力。

第二节　汽车租赁电子商务技术

电子商务是在全球各地广泛的商业贸易活动中，在互联网开放的网络环境下，交易双方利用计算机技术、网络技术和远程通信技术进行各种商贸活动，实现消费者的网上购物、商户之间的网上交易和在线电子支付以及各种商务活动、交易活动、金融活动和相关综合服务活动的一种新型的商业运营模式，实现了整个商务（买卖）过程中的电子化、数字化和网络化。

汽车租赁电子商务的交易对象是汽车租赁服务，交易者是汽车租赁企业和承租人，也有第三方通过建立信息交易平台开展汽车租赁企业与承租人之间的中介服务业务。汽车租赁具有可以预订、服务产品易于展示、交易过程手续简单等适合电子商务开展的特性。通过互联网与银行结算系统、公众信用数据系统的连接，汽车租赁电子商务可以实现网上租车费用结算和信用审核，改变繁琐、复杂的汽车租赁业务模式。汽车租赁电子商务为汽车租赁与关联业务（如航空、旅游、宾馆）的融合提供了技术条件。汽车租赁与电子商务这些契合关系，使汽车租赁业成为最早利用电子商务技术开展业务的行业之一。

一、汽车租赁电子商务工作原理

汽车租赁电子商务技术构架主要包括汽车租赁数据中心、汽车租赁客户系统、汽车租赁站点系统、互联网四大部分。图 10-5 为汽车租赁电子商务工作基本原理示意图。

1. 数据中心

数据中心是由防火墙、路由器、服务器及各种系统软件构成的大型计算机系统，主要有以下三个功能：一是储存和处理租赁车辆、租赁客户、租赁合同内容等基础数据和动态数据；运行各种管理程序，计算和分析经营数据；二是接受客户系统的查询和预订，并对已储存的信息处理后与客户确定最终预订；三是将最终预订信息传输给汽车租赁站点，并在租赁站点与客户签订租赁合同后记录该合同的动态信息，为汽车租赁经营人员提供各种经营数据查询和分析。上述过程通过连接汽车租赁数据中心、汽车租赁客户系统、汽车租赁站点系统的通信网络进行，因此汽车租赁电子商务能够满足汽车租赁网络化的需要，并能提高汽车租赁经营管理水平。

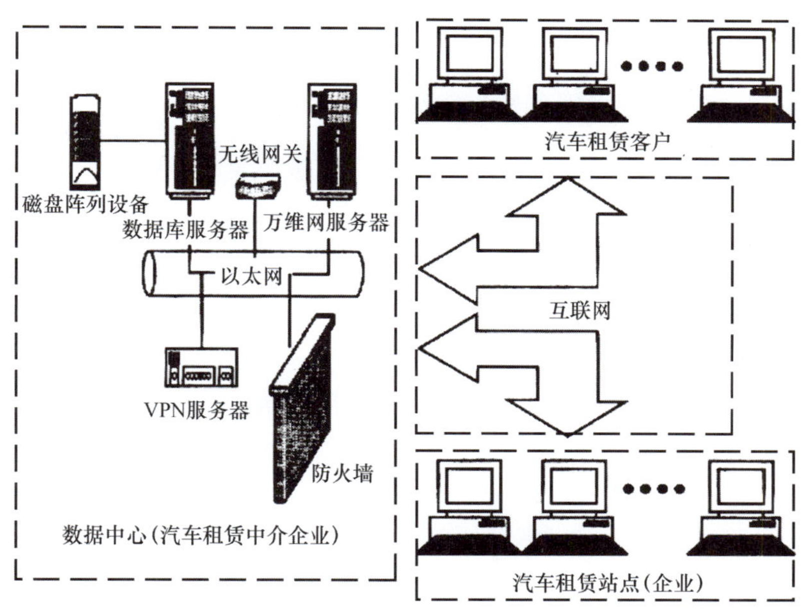

图 10-5　汽车租赁电子商务工作基本原理

2. 客户系统

汽车租赁客户系统就是任何一台与互联网相连的终端如计算机、信息服务亭等，客户通过该终端访问汽车租赁门户网站，即可进入客户与汽车租赁企业互动的界面，获得汽车租赁信息并进行汽车租赁预订。

3. 站点系统

汽车租赁站点系统是汽车租赁营业门店业务人员使用的互联网终端，一般使用专线拨号方式和密码登录汽车租赁业务程序，通过汽车租赁程序处理汽车租赁业务并与数据中心进行数据交流。

二、汽车租赁电子商务技术应用

作为加强汽车租赁企业内部经营管理、提高服务水平的重要手段，汽车租赁预订中心和电子支付手段在汽车租赁企业得到了广泛的应用。

1. 预订中心

汽车租赁预订中心作为汽车租赁企业业务运营的核心，通常包括以下五个方面的功能：

（1）服务信息查询。

为方便客户快捷地寻找到符合需求的汽车租赁门店，汽车租赁预订中心提供各种方式（网站、电话等）的汽车租赁门店查询服务。公众也可以通过网站等查询企业提供的租赁汽车车型、车辆照片、载客量、排量、油箱容积、外观颜色、租金价格、优惠活动等信息。

（2）预订服务。

预订可以让汽车租赁企业及时、合理调配租赁车辆，提高租赁率。所以，汽车租赁企业通常提供价格优惠、简化手续等措施，鼓励客户预订。汽车租赁企业通过设置汽车租赁预订中心，利用网站、电话、短信平台等多种方式提供汽车租赁预订服务。预订通常包括四个步骤：①订制行程；②选择车型；③提交订单；④订单确认。客户在接到汽车租赁企业的订单确认后，可以通过网上支付系统，交纳送车订金和授权、结算等租金支付操作。通过预订服务与电子支付的结合，汽车租赁企业可以实现“虚拟门店”经营，即客户通过汽车租赁电子商务，在互联网上选择租赁车辆，支付租赁费用，在指定地点交接租赁车辆，无需前往门店即可完成租车全过程。

图 10-6 为安特普利斯汽车租赁公司的呼叫服务中心，该公司在全美共设有 3 个呼叫中心，图中所示为规模最大的一个呼叫服务中心，共有 1000 多名员工，能够处理来自世界各地的预订服务。

图 10-6　安特普利斯汽车租赁公司的呼叫服务中心

专栏 10-2

神州租车北京火车站门店的调度管理

在机场、火车站争取场地并开设门店，向来都是汽车租赁公司的重要发展战略。然而对于毗邻长安街的北京火车站来说，要在其周边争取到足够的门店与停车区域并非易事。停车区域的大小，直接影响到门店待租车辆数量和可供选择的车型类别，影响到门店的销售业绩。神州租车公司对北京火车站的汽车租赁业务采用“预订 + 实时调车”的运作方式，在一家同时紧邻北京火车站和地铁 2 号线的停车场租用 3 个停车位作为北京火车站提车点，通过“网上自驾预订每单立减 20 元”等多种促销方式，引导客户选择预订服务。客户完成租车预订后，在公司后台管理系统的统一调度下，神州租车公司从位于北京通州区的停车场调配相应车辆，在客户到达北京火车站之前，送至北京火车站提车点。客户签订合同并将车开走后，再进行下一次车辆的补充。如此周而复始，充分利用有限的停车区域，保障了高效的客户服务。

（3）业务管理。

汽车租赁企业的业务管理系统，通常包括以下六个模块：

①租车、还车业务管理。包括合同建立、结算以及合同执行过程中各种变动（如合同延续等）的信息更新。基于网络的租车、还车业务管理系统，通过租车信息、合同信息和结算信息的网上交换，可为客户提供异地还车服务。图 10-7 为异地还车业务信息流转示意图。

②租赁车辆管理。包括租赁车辆基本信息的建立与维护，车辆状态信息记录、检修安排以及车辆调度管理等。

③交通违法行为信息管理。对车辆租赁期间发生的交通违法行为信息的记录与维护。

④车辆安全监控管理。基于车载卫星定位设备回传的信息对车辆的行驶轨迹、位置等进行监测，并在异常情况下报警。

⑤门店管理。主要包括汽车租赁门店（含提车点）信息的采集、维护和管理。

⑥客户管理。主要包括客户的基本信息、信用信息、车型爱好等。

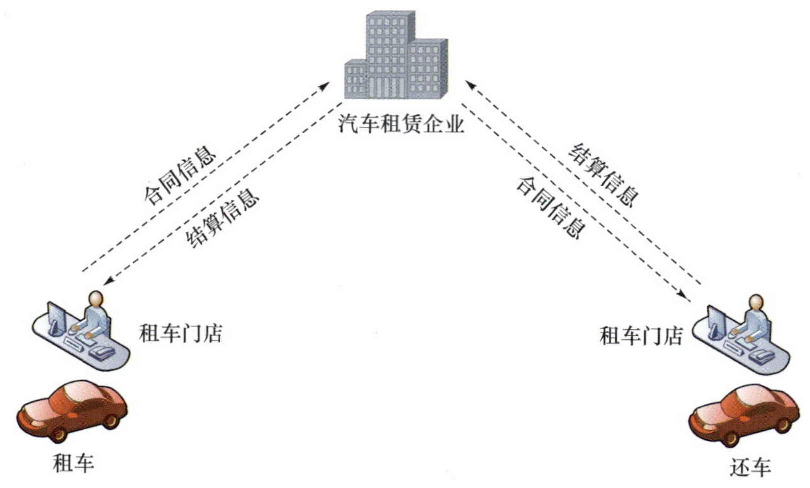

图 10-7　异地还车业务信息流转示意图

（4）决策支持。

汽车租赁预订中心积累了大量的信息，包括客户信息、租车业务单证信息、各种事件信息、合作伙伴信息等。汽车租赁企业可以根据积累的信息资源进行各种数据挖掘和分析，为汽车租赁服务产品的开发、价格的制定与调整、市场宣传、车辆的购买和配置和租赁网点布局的拓展等提供决策支持。

专栏 10-3

国外汽车租赁公司的营销策略

国外大型汽车租赁公司借助其强大的数据处理、分析系统，在充分分析客户的车型爱好、用车习惯的基础上，对其租赁汽车进行了品类划分。客户在租车时，不是按照品牌选择车辆，而是首先决定租用的车辆类型，如普通轿车（Car）、多功能运动型轿车（SUV），还是其他特别类型的车辆（汽车租赁公司有些网点就提供豪华车或绿色环保车等特殊车辆），然后再决定所选车辆的具体品牌。××汽车租赁公司将其普通轿车分为以下五个类别：

①经济型（Economy），2 门，排量 1.3L；

②紧凑型（Compact），4 门或 2 门，排量 1.6L；

③中型车（Mid-Size），4 门或 2 门，排量 2.0L；

④大型车（Full-Size），4 门或 2 门，排量 2.8L；

⑤高档车（Premium），4 门，排量 3.0L 以上。

客户在租车时，首先选择其中的一种类别，再根据个人喜好设定其他的条件，如手动挡还是自动挡、是否需要导航系统等，这些条件均可通过预订系统进行“菜单式”设定，十分方便。预订系统根据客户设定的条件给出相应的租金价格。交车时，租车门店只需提供满足客户要求的车型即可，从而节约了停车场面积，减轻了后台调度的压力。

2. 电子支付

电子支付是指从事电子商务交易的当事人，包括消费者、厂商和金融机构，通过信息网络，使用安全的信息传输手段，采用数字化方式进行的货币支付或资金流转。

汽车租赁企业常用的电子支付，主要有网上支付、电话支付、移动支付和刷卡支付等多种电子支付方式。一些以短期汽车租赁业务为主的大型汽车租赁企业，已经全面实现租车费用的电子支付。

与传统的支付方式相比，电子支付能够为客户节省时间，提供便利。通过电子支付，汽车租赁企业在资金管理上可以做到收支两条线，减少汽车租赁门店财务人员的配置，实现财务工作的集中管理，汽车租赁企业总部对各门店的管理手段得以强化，对各门店资金可以做到有效管理，避免资产的流失和浪费，有助于规模化汽车租赁企业的资金风险控制。

第三节　汽车租赁物联网技术

一、汽车租赁物联网技术概念

物联网是新一代信息技术的重要组成部分。其英文名称是“The Internet of things”。由此，顾名思义，“物联网就是物物相连的互联网”。物联网概念包括两层含义：一是物联网的核心和基础仍然是互联网，是在互联网基础上延伸和扩展的网络；二是其用户端延伸和扩展到了任何物品与物品之间，进行信息交换和通信。具体来讲，物联网是通过射频识别（RFID）设备、红外传感器、卫星定位系统、地理信息系统（GIS）、激光扫描器等信息传感设备，按约定的协议把任何物品与互联网相连接，进行信息交换和通信，以实现对物品的智能化识别、定位、跟踪、监控和管理的一种网络。

二、汽车租赁物联网技术应用

当前，在汽车租赁行业应用的物联网技术，主要有卫星定位技术、条码识别技术、射频识别技术和图像识别技术等。

1. 卫星定位技术

卫星定位技术主要用于租赁期间的车辆跟踪。汽车租赁企业在租赁汽车内安装卫星定位设备，便于实时掌握车辆位置所在，提高应急救援和安全防范能力。图 10-8 为基于卫星定位技术的汽车租赁管理平台示意图。

2. 条形码标签技术

条形码技术主要用于对租赁车辆的身份识别。汽车租赁企业在其租赁汽车上粘贴一张条形码标签，在客户取车、还车的过程中，用手持式读卡器扫描该条形码标签，即可获取该车辆的身份信息，并与该车辆的订单关联，从而立即获取诸如客户身份、租车时间等信息，达到简化取车、还车手续的目的。图 10-9 为美国某汽车租赁公司车辆上的条形码标签。

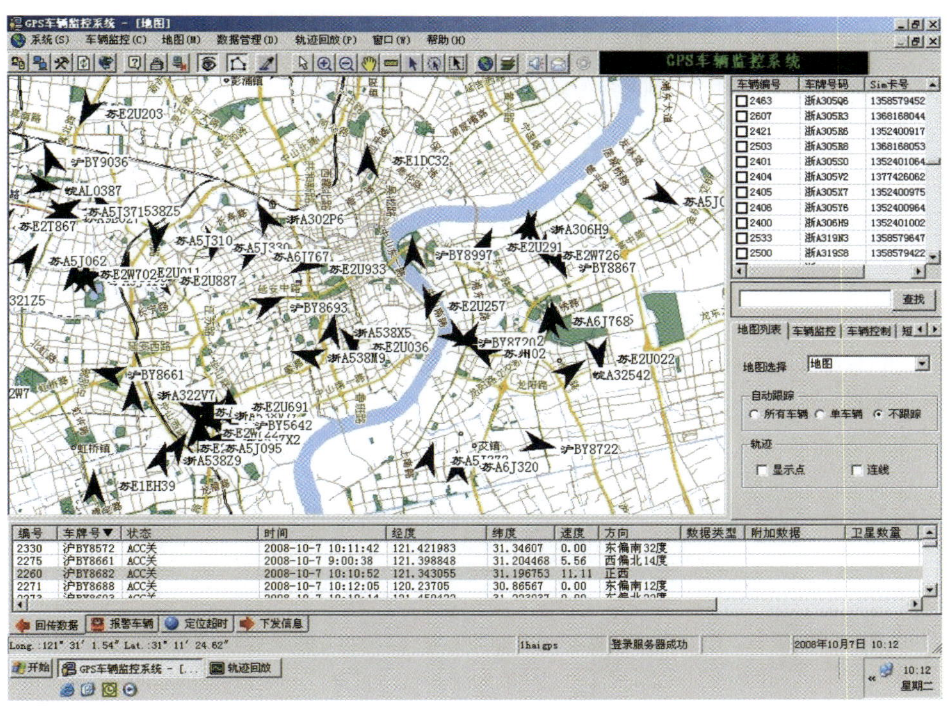

图 10-8　基于卫星定位技术的汽车租赁管理平台示意图

图 10-9　美国某汽车租赁公司车辆上的条形码标签

3. 射频识别技术

射频识别（简称 RFID，俗称电子标签）技术作为一种全新的自动识别技术，具有信息容量大、防伪性强、可重复使用等优点，呈现出逐渐取代条形码技术的趋势。国外大型汽车租赁企业通常将射频识别技术用于客户管理，如在汽车共享租车中，客户凭会员卡可打开车辆门锁，即可发动车辆，安装于车内的计时系统通过会员卡接收客户信息，客户将车还到指定地点，刷卡锁车后，计时系统识别会员身份后自动根据租车时间结算租车费用。图 10–10 为吉普卡汽车租赁公司安装在共享租赁汽车内的射频识别装置。

图 10–10　安装在共享租赁汽车内的射频识别装置

在汽车租赁机场门店等停车区域较大的网点，汽车租赁企业还可利用租赁汽车的射频标识，主动引导承租人停放车辆，进行规范的停车管理。

4. 图像识别技术

图像识别主要是采用数学技术方法，对一个系统前端获取的图像按照特定目的进行相应的处理、分析和对比等。国外大型汽车租赁企业通常在车辆交接区域装有“360° 汽车全景摄像”装置，用于租车、还车过程中的车况记录和对比，能有效避免汽车租赁企业与承租人之间出现不必要的纠纷。

第十一章　汽车租赁业管理

当前，我国汽车租赁业在快速发展的同时，仍然存在各种各样的问题，必须站在促进经济社会发展、维护消费者合法权益、扶持企业健康发展的角度，按照新时期、新形势、新任务的要求，进一步理清管理思路，加强和创新社会管理，明确政策措施，促进汽车租赁业规范发展。

第一节　加强汽车租赁业管理的必要性

加强汽车租赁业管理，是贯彻落实中央关于汽车租赁发展决策部署的客观要求，是履行交通运输行业管理职能的切实体现，是促进汽车租赁业规范发展的重要保障。

一、贯彻落实中央发展决策部署的客观要求

2009 年，温家宝总理在政府工作报告中，强调要积极扩大国内需求特别是消费需求，增强内需对经济增长的拉动作用，并将发展汽车租赁作为扩大内需、拉动经济增长的重要举措，提出要“完善汽车消费政策，加快发展二手车市场和汽车租赁市场，引导和促进汽车合理消费。”2009 年 3 月国务院下发的《汽车产业调整和振兴规划》中，将发展汽车租赁业作为振兴汽车产业的重要内容，强调“要发展汽车租赁，完善相关的法规、规章和管理制度，发展现代汽车服务业。”中央关于汽车租赁业发展的决策部署，进一步明确了促进汽车租赁业发展的重要意义，提出了加强汽车租赁业管理的要求。

二、履行交通运输行业管理职能的切实体现

汽车租赁业是交通运输服务业的重要组成部分。2008 年国务院机构

改革后，明确交通运输部指导汽车租赁业管理工作。为贯彻落实中央关于汽车租赁发展的决策部署，交通运输部将汽车租赁业发展纳入《交通运输“十二五”发展规划》和《道路运输业“十二五”发展规划纲要》，明确提出了建立健全法规标准，完善服务网络，创新服务模式，培育市场环境等要求。2011 年 4 月，交通运输部印发了《关于促进汽车租赁业健康发展的通知》，进一步明确了汽车租赁业发展的目标和加强行业管理、促进行业发展的七项政策措施，为今后一段时期汽车租赁业的发展指明了方向。加强汽车租赁行业管理，是转变交通运输发展方式、推进现代交通运输业发展、增强服务能力的重要举措，也是交通运输部门依法履行职责的重要体现。

三、促进汽车租赁业规范发展的重要保障

今后一段时期，我国汽车租赁业仍将继续快速发展，具备广阔的发展前景。从发达国家发展的历程和经验来看，政府管理部门在汽车租赁业发展过程中发挥着至关重要的作用。只有综合运用法律、行政、经济等手段，全面加强行业管理，营造健康发展环境，才能逐步解决市场主体发育不完善、监管机制不健全，交易双方信息不对称等问题，形成公平竞争、优胜劣汰、规范有序的汽车租赁市场秩序，维护消费者的权益，为人民群众提供优质满意的汽车租赁服务。

第二节　汽车租赁业管理的基本思路

目前，我国汽车租赁业产业规模不断扩大，服务质量不断改善，在完善城市交通功能、满足人民群众个性化出行需求、扩大社会就业、缓解城市交通拥堵、促进节能减排等方面发挥了十分重要的作用。未来一段时期，随着经济社会快速发展，城镇化进程进一步加快，城乡、区域一体化迅速推进，人民群众生活水平显著提高，驾驶技能广泛普及，汽车租赁需求仍将十分旺盛。我国汽车租赁业具有巨大的发展潜力和广阔的发展前景。

但同时应当看到，我国汽车租赁业还处在粗放式发展阶段，依然存在一些突出问题：一是服务水平较低。服务能力不足，服务标准不统一，租车、还车手续繁杂，企业管理的规范性、解决投诉的时效性等均有待进一步提高；二是企业规模较小。目前我国汽车租赁企业超过5000家，每家企业平均拥有租赁汽车仅为26辆，北京市拥有车辆数在10辆以下的汽车租赁企业超过50%，市场集中度明显偏低，难以发挥规模化经济效应的优势；三是网络化发展不足。全国范围内的汽车租赁服务网络尚未形成，异地租车、还车业务还未得到有效开展，汽车租赁的便利性优势难以得到发挥；四是市场秩序不规范。缺乏法律法规的行为约束，诚信体系不健全，一些汽车租赁企业对于自身品牌建设重视程度不足，业务相对单一，同质化竞争严重。

针对当前我国汽车租赁业存在的主要问题，要按照中央关于加强和创新社会管理的要求，进一步理清发展思路，从促进经济社会发展、维护消费者合法权益、扶持企业健康发展的角度出发，鼓励汽车租赁业加快发展，为人民群众提供优质满意的汽车租赁服务，创造行业发展的良好环境。

1. 从促进经济社会发展的角度出发，鼓励汽车租赁业加快发展

汽车租赁为人民群众提供个性化的出行方式，为重大社会活动提供交通保障，对完善综合运输体系，转变道路运输发展方式，扩大内需，促进消费增长，提高资源利用效率，带动旅游业、汽车工业、金融保险业的发展，提高人民群众生活质量，都具有重要的意义。因此，从促进经济社会发展的角度出发，当前及今后一个时期，汽车租赁业都将作为发展现代交通运输业的重要内容，需要加大支持力度，加强行业管理，鼓励其加快发展，实现规模化、网络化、品牌化发展。

2. 从维护消费者合法权益的角度出发，推动汽车租赁业优质服务

汽车租赁业作为交通运输服务业的重要组成部分，必须坚持以人为本，将维护消费者的合法权益放在重要位置，努力为人民群众提供优质满意服务。要通过制订汽车租赁服务质量标准，开展服务质量考核评比，建立完善诚信体系，加强汽车租赁服务监督，健全消费者投诉受理机制

等，促进企业诚信规范经营，逐步形成优胜劣汰的市场机制，鼓励管理好、信誉高、品牌优的企业扩大规模，建立全国或区域性的汽车租赁网络，为消费者提供更方便、更快捷、更安全、更满意的汽车租赁服务。

3. 从扶持企业健康发展的角度出发，创造汽车租赁业良好发展环境

汽车租赁业是涉及多领域的复合型行业。要围绕影响汽车租赁企业发展的热点难点问题，积极推进服务理念、机制和方法创新，提高行业管理的科学化水平，为汽车租赁业发展创造良好环境。努力解决汽车租赁企业发展中的突出问题。打击非法从事汽车租赁经营行为，维护合法经营者正当权益。支持汽车租赁企业与银行、保险等金融服务行业及汽车产业链各环节的紧密合作，增强企业发展能力，降低企业经营风险。加强与公安等有关部门协调，严厉打击诈骗租赁汽车等犯罪行为，积极帮助汽车租赁企业解决丢车法律责任、承租人交通违法责任认定等实际问题。支持行业协会发挥桥梁纽带作用，加强行业自律，为汽车租赁企业提供更好服务。

按照以上思路，需要从制度建设入手，在法律法规、政策措施、标准规范等三个方面，努力构建促进汽车租赁业健康发展的长效机制。

（1）要加快建立以行政法规为龙头、以地方性法规为基础、以部门规章为补充的汽车租赁业法律法规体系，努力解决当前汽车租赁业法制建设滞后的突出问题，争取将汽车租赁业管理尽快纳入《中华人民共和国道路运输条例》，加快研究制定汽车租赁业地方性法规、规章，并纳入道路运输法规体系，加快出台《汽车租赁业管理规定》，建立健全市场准入、退出制度，推动汽车租赁业依法管理。

（2）要加快出台行业发展政策措施，贯彻落实交通运输部《关于促进汽车租赁业健康发展的通知》精神，加快制定汽车租赁业发展规划，将汽车租赁业发展规划纳入综合运输体系规划和交通运输发展规划，加强行业管理，创新汽车租赁服务模式。

（3）要加快制定汽车租赁业标准规范，出台《汽车租赁服务规范》等国家和地方性标准规范，对汽车租赁业的车辆要求、服务流程、计费方法、救援维护等系统全面地作出规定，推行汽车租赁示范合同，促进

汽车租赁业标准化、规范化发展。

第三节　汽车租赁业管理的政策措施

《关于促进汽车租赁业健康发展的通知》对于我国汽车租赁业发展提出了明确目标，“十二五”期间要初步形成龙头企业引领、经营主体多元、网络覆盖全国、经营行为规范、市场秩序良好、服务标准与国际先进水平接轨的汽车租赁服务体系。为此，还需要通过严格市场准入，确保运营安全，引导规模化、网络化、品牌化发展，规范服务流程，创新服务模式，优化发展环境等措施，不断满足经济社会发展对汽车租赁业的需求，为人民群众提供更满意的汽车租赁服务。

一、严格市场准入

加强汽车租赁业管理，首先要从市场准入这一行业管理的源头环节着手，对汽车租赁车辆、人员、经营场所、企业制度等方面提出明确要求。

北京、云南、昆明、大连等省市对汽车租赁市场准入采取备案管理，山东、山西、江西、西安等省市对汽车租赁市场准入实施行政许可管理。

《北京市汽车租赁管理办法》规定：从事汽车租赁经营的，经营者应当在取得企业营业执照之日起30日内按照规定向市交通行政管理部门或远郊区县交通行政主管部门办理备案。办理备案时，应提交以下材料：（1）法人登记证明；（2）税务登记证明；（3）经营场所权属证明或者合法租用证明；（4）企业经营服务和安全管理制度。经营者提交材料齐全的，市交通行政主管部门或者远郊区县交通行政部门应当出具汽车租赁经营备案证明。经营者购买车辆后应当向原备案部门办理车辆备案，提交车辆行驶证明和经营设备设施清单。原备案部门对已备案的车辆出具车辆备案证明。

《云南省道路运输条例》规定：从事货运代理、货运配载、仓储理货、汽车租赁、搬运装卸等道路运输相关业务的经营者，应当在取得工商行政管理机构的营业执照后15日内到所在地县级道路运输管理机构备案。

租赁车辆不得擅自用于从事经营性客货运输。

《昆明市汽车租赁管理办法》规定：从事汽车租赁经营的经营者应当自取得工商营业执照之日起15日内向所在地道路运输管理机构备案。备案时提交下列材料：（1）备案表；（2）工商营业执照、组织机构代码证；（3）法定代表人或者负责人身份证明；（4）经营场所使用证明；（5）经营组织机构、安全管理制度、业务操作规程和应急预案文本；（6）车辆登记证书和行驶证，且租赁车辆所有权人与经营者名称相符；（7）车辆技术等级评定检测报告。道路运输管理机构收到备案材料后，应当当场为备案材料齐全的经营者发放经营备案证，为其备案车辆发放租赁汽车证。

《大连市汽车租赁管理规定》要求：从事汽车租赁中介的机构或者其他组织应当依法设立，并到所在地道路运输管理机构办理备案手续。

《山东省道路运输条例》规定：从事汽车租赁经营应当向所在地设区的市或者县级道路运输管理机构提出申请，并具备以下条件：（1）自有车辆不少于10辆，每辆座位数不超过7座，车辆技术等级达到二级以上；（2）有与其经营业务相适应的办公场所、停车场地；（3）有必要的经营管理、车辆技术、财务管理人员；（4）有健全的安全生产管理制度和服务质量保障措施。道路运输管理机构应当自受理申请之日起15个工作日内作出许可或者不予许可的决定。汽车租赁经营者不得将车辆租赁给不具备与租赁车辆相适应的驾驶资格的人员驾驶，不得向承租人提供驾驶劳务，但提供1年以上汽车租赁的除外。

《山西省道路运输条例》规定：从事汽车租赁经营的，应当符合下列条件：（1）有10辆以上符合国家标准，并经检测合格的自有车辆；（2）有与其经营业务相适应的办公场所、停车场地；（3）有相应的业务、管理人员；（4）有健全的安全管理制度；（5）客运车辆应当为12座以下小型客车。从事汽车租赁经营的，应当在取得工商营业执照后，向设区的市道路运输管理机构提出申请。道路运输管理机构应当自受理申请之日起15日内审查完毕，作出许可或者不予许可的决定。汽车租赁经营许可证件不得转让。汽车租赁经营者应当与承租人签订车辆租赁合同，提供检测合格和证件齐全有效的车辆，但不得提供驾驶劳务。

《江西省道路运输条例》规定：申请从事汽车租赁经营的，应当具备下列条件，并向县（市、区）道路运输管理机构提交申请书及相应材料：（1）取得企业法人营业执照；（2）有10辆以上经检测合格的车辆；（3）有符合规定的经营场所、停车场地；（4）有相应的管理人员和专业人员；（5）有服务保障、安全生产管理等方面的制度。县（市、区）道路运输管理机构应当自受理申请之日起20日内审查完毕，作出许可或者不予许可的决定。予以许可的，向申请人颁发经营许可证，并按照核定的车辆数量配发车辆营运证；不予许可的，应当书面通知申请人并说明理由。汽车租赁经营者或者承租人，不得利用租赁车辆从事或者变相从事道路运输经营活动。

《西安市汽车租赁业管理暂行办法》规定：从事汽车租赁经营，应符合下列条件：（1）配备汽车不少于20辆，且汽车车辆价值不少于200万元。租赁汽车应是新车或达到一级技术等级的在用车，并且有齐全有效的车辆行驶证件；（2）须有不少于租赁汽车价值5%的流动资金；（3）有固定的经营和办公场所；（4）有经营机构和相应的管理人员、专业技术人员；（5）具有法人资格。从事汽车租赁经营，经营者应当依照《中华人民共和国道路运输条例》的规定取得《道路运输经营许可证》，并办理工商登记，在许可的经营范围内从事经营活动。

二、确保运营安全

加强车辆管理，严把车辆准入、日常检测与维护、应急事件应对是保障汽车租赁业运营安全的关键环节。

首先是严把车辆准入，确保车辆等级达到相关技术要求，取得有关合法资格证件，并随车携带。《西安市汽车租赁管理办法》要求：租赁汽车应是新车或达到一级技术等级的在用车；《昆明市汽车租赁管理办法》要求具有车辆技术等级评定检测报告，其中，9座以下车辆技术等级为二级以上，9座（含）以上车辆技术等级为一级。

其次是加强日常检测与维护，建立汽车租赁车辆技术档案，确保车辆保持良好的技术性能。《大连市汽车租赁管理规定》明确：汽车租赁经营者应按规定定期对车辆进行维护并接受综合性能检测，建立健全车辆技术档案，向承租人告知车辆技术状况、车辆保险投保状况、随车携带的相关证件等内容。《云南省道路运输条例》规定：从事汽车租赁业务的经营者应当与承租人签订汽车租赁合同，提供技术状况为三级以上，装备齐全的车辆。租赁车辆的维护、检测和技术管理应当遵守有关营运车辆的规定。

最后是做好车辆救援与召回等相关服务工作。《大连市汽车租赁管理规定》要求：汽车租赁经营者出租汽车，应当向承租人告知车辆技术状况、车辆保险的投保情况、随车携带的相关证件、救援服务等内容。《北京市租赁汽车技术管理规定》对汽车租赁车辆维护作出了规定，并要求汽车租赁企业建立完善在租车辆救援服务预案，为承租人提供及时有效的救援服务。

三、鼓励规模化、网络化、品牌化发展

为发挥汽车租赁业的规模经济效应，增强汽车租赁企业生命力和竞争力，应该支持汽车租赁企业向着规模化、网络化、品牌化的方向发展，对于拥有车辆多、服务网络广、管理水平高的汽车租赁企业重点扶持。

交通运输部《关于促进汽车租赁业健康发展的通知》明确提出“引导规模化、网络化、品牌化发展。各地要采取切实有效的措施，鼓励规模大、管理好、信誉高的汽车租赁企业依法设立分支机构，建立全国或区域性汽车租赁网络。各地不得实行地方保护和地区封锁。自有车辆在1000辆以上的汽车租赁企业在异地设立分支机构的，各设立地道路运输管理机构要简化程序，提供良好服务。”

《北京市汽车租赁管理办法》规定“本市按照统一规划、数量调控、安全服务的原则，促进汽车租赁业规模化、集约化和网络化发展，完善城市交通运输服务功能。”

《安徽省关于开展汽车租赁新型业态试点促进汽车租赁业加快发展

的意见》提出要扶持市场主体，加快构建汽车租赁经营网络体系，推进现代化技术手段应用，逐步使安徽省汽车租赁经营实现网络化、规模化、信息化、智能化。安徽省将通过开展汽车租赁新型业态试点，打造自有车辆数达到1000台以上、网点覆盖安徽省各市、管理高效、网络化运营的大型汽车租赁企业，为汽车租赁创造经验。安徽省在试点企业准入标准中明确提出，试点企业必须具备一定的经济实力和精细化管理水平；自有车辆不少于500辆，注册资金不低于3000万元，配备相应的办公场所和停车场地。

四、规范服务流程

为推动汽车租赁业规范化、标准化服务，还要通过制定汽车租赁业经营服务规范、实施行业监管考评、推行汽车租赁示范合同等措施，加强汽车租赁服务监督，促进企业诚信规范经营，为消费者提供优质服务。

北京市地方标准《汽车租赁经营服务规范》对汽车租赁业经营主体的基本要求、经营场所的场地设置、经营设备等软硬件条件、租赁车辆技术性能和维护修理、租赁服务的业务流程等方面，作了详细的规范性要求。

《北京市汽车租赁管理办法》规定“本市对汽车租赁经营者实行年度质量信誉考核制度，对经营者的安全生产、经营行为、服务质量、管理水平和履行社会责任等方面进行综合评价。年度质量信誉考核结果向社会公布。”北京市还制定了《汽车租赁行业监管考评办法》，对汽车租赁经营者的经营条件、经营行为、服务质量和安全工作进行监督管理和考核评价，并对汽车租赁经营业户建立《汽车租赁企业监管考评档案》，记录和保存监管考评的过程和结果，以引导和鼓励汽车租赁企业依法规范经营，及时纠正和查处汽车租赁企业的违法违规行为，维护消费者的合法权益。

北京市和湖北省制订了《汽车租赁合同范本》，统一了《汽车租用登记表》和《车辆交接单》式样，规定了汽车租赁企业和承租人的权利和义务，明确了押金、保险、违约责任等内容。汽车租赁合同范本的制订，对规范汽车租赁业经营行为，保障消费者的合法权益起到了积极作用。

五、创新服务模式

为鼓励汽车租赁行业提供更方便、快捷的个性化服务，还要创新服务模式。要鼓励汽车租赁企业与交通运输企业、宾馆、旅行社、商务门户网站等开展合作，增加服务网点，满足休闲、商务、会展、通勤、婚庆等不同的个性化出行需求。借鉴国际成熟的管理技术和经营模式，开展异地还车、电话预约、电子商务、企业相互间代办业务、电子货币结算等业务。鼓励应用卫星定位、导航等先进技术，提高汽车租赁服务水平。

《北京市汽车租赁管理办法》规定“鼓励汽车租赁经营者之间同城和异地合作，开展预约服务、电子商务等业务。鼓励汽车租赁经营者提供汽车租赁共享服务。”

《安徽省关于开展汽车租赁新型业态试点促进汽车租赁业加快发展的意见》提出要在规划建设机场、铁路客运站、客运码头、公路客运站、旅游景区、居住区、商务区和大型公共活动场所等大型项目时，对汽车租赁服务设施进行科学规划，合理配套。对先期未配套汽车租赁服务设施的机场、车站、码头、景区等大型项目，所在市人民政府和交通运输管理等主管部门要协调项目业主与试点企业，建立利益共享、互利合作的机制，利用现有场站设立服务网点，实行汽车租赁异地还车等网络化服务，实现消费者在各种运输方式之间的快速中转和无缝衔接。

六、优化发展环境

汽车租赁业发展需要创造良好的外部环境。要通过加强指导和协调，支持汽车租赁企业与银行、保险等金融服务行业的紧密合作，完善消费者诚信体系，增强企业发展能力，降低企业经营风险；要鼓励汽车租赁企业与汽车生产企业、汽车维修企业实行合作经营，增强服务能力，拓展服务范围；要加强与公安等有关部门协调，严厉打击诈骗租赁汽车等犯罪行为，积极帮助汽车租赁企业解决丢车法律责任、租车方交通违法责任认定等实际问题。

安徽省《关于开展汽车租赁新型业态试点促进汽车租赁业加快发展的意见》提出要为企业创造良好环境发展，主要措施包括：

（1）拓宽试点企业融资渠道。要求金融机构要加大对汽车租赁行业发展的支持力度，建立适合汽车租赁企业特点的授信管理机制，在授信额度、利率等方面，依据信贷管理有关规定，在规定的幅度内给予资质良好、经营管理水平较高的试点企业适当优惠；同时建立高效的授信审批程序，鼓励各类创业风险投资机构和信用担保机构对试点企业开展融资业务。

（2）落实税收优惠政策。税务部门要认真贯彻落实国家税收优惠政策，做好纳税服务工作，支持试点企业的发展；对试点企业中存在交通运输业务的，可单独核算，分别按照租赁业和交通运输业税目征收营业税；对试点企业纳税确有困难的，按税收管理权限报经批准后，给予其减免城镇土地使用税、房产税。

（3）提高试点企业抗风险能力。引导试点企业完善租赁管理配套措施，提高企业对经营风险的管控水平，建立安全管理的长效机制，享受既有的保险费率优惠政策。

附　录

交通运输部关于促进汽车租赁业健康发展的通知

（交运发〔2011〕147号）

各省、自治区、直辖市、新疆生产建设兵团交通运输厅（局、委）：

近年来，我国汽车租赁业快速发展，产业规模不断扩大，服务质量显著提高。至2010年底，全国租赁汽车已超过10万辆。但是，汽车租赁业总体上仍处在起步阶段，难以满足人民群众日益增长的消费需求和经济社会发展需要。为贯彻落实国务院有关文件精神，促进汽车租赁业健康发展，现将有关事项通知如下：

一、发展汽车租赁业的重要性

汽车租赁作为我国新兴的交通运输服务业，是满足人民群众个性化出行、商务活动需求和保障重大社会活动的重要交通方式，是综合运输体系的重要组成部分。促进汽车租赁业健康发展，是转变交通运输发展方式、推进现代交通运输业发展、增强“三个服务”能力的重要举措，对完善综合运输体系，转变道路运输发展方式，提高车辆、道路、停车场地等社会资源的利用效率，带动旅游业、汽车工业、金融保险业的发展，提高人民群众生活质量，都具有重要的现实意义。

根据国务院机构改革方案，交通运输部负责指导汽车租赁管理工作。各级交通运输主管部门和道路运输管理机构要进一步提高思想认识，增强责任感、紧迫感和使命感，认真履行汽车租赁管理职责，把汽车租赁作为发展现代交通运输业的重要内容，加大支持力度，加强行业管理，推动汽车租赁业健康发展。

二、汽车租赁业的发展目标

今后一段时期，随着经济社会快速发展，城镇化进程进一步加快，城乡、区域一体化迅速推进，人民群众生活水平显著提高，驾驶技能广泛普及，企事业单位用车制度改革，汽车租赁需求将十分旺盛，发展潜力巨大，具备了快速发展的基础条件。

与国际上汽车租赁业发达地区相比，我国汽车租赁业在发展过程中还存在一些不容忽视的突出问题，主要是政策法规不完善、诚信体系不健全、企业规模较小、经营方式和管理水平落后、经营行为不规范、品牌化发展不足、网络化程度低、技术力量薄弱等，使汽车租赁的优势和作用不能充分发挥，影响了服务质量的提升，制约了汽车租赁业健康发展。

今后 5 至 10 年，是我国汽车租赁业发展的重要时期，各级交通运输主管部门要以科学发展观为指导，加快建立和完善法规体系，制订发展规划，完善政策措施，加强品牌建设，创新服务模式，提高服务质量，初步形成龙头企业引领、经营主体多元、网络覆盖全国、经营行为规范、市场秩序良好、服务标准与国际先进水平接轨的汽车租赁服务体系，基本满足经济社会发展和人民群众对汽车租赁业的需求。

三、加强行业管理促进规范发展

一是建立健全汽车租赁法规体系。各地要结合实际，加快研究制定汽车租赁地方性法规、规章，并纳入道路运输法规体系，建立健全市场准入、退出机制，推动汽车租赁业规范健康发展。

二是加快制定汽车租赁业发展规划。各地要在加强调研、摸清情况的基础上，制定汽车租赁业发展规划，并纳入综合运输体系规划和交通运输发展规划。汽车租赁业可根据各种运输方式规划建设的枢纽站场，布局汽车租赁网点。

三是引导规模化、网络化、品牌化发展。各地要采取切实有效的措施，鼓励规模大、管理好、信誉高的汽车租赁企业依法设立分支机构，建立全国或区域性汽车租赁网络。各地不得实行地方保护和地区封锁。自有车辆在1000辆以上的汽车租赁企业在异地设立分支机构的，各设立地道路运输管理机构要简化程序，提供良好服务。

四是加强汽车租赁管理。汽车租赁车辆应当取得有关合法资格证件，并随车携带。汽车租赁车辆应当定期进行维护和检测，确保车辆性能良好。汽车租赁企业应当与承租人签订车辆租赁合同，提供符合技术标准和证件齐全有效的车辆。汽车租赁企业未经许可，不得擅自从事道路客货运输经营活动。

五是创新汽车租赁服务模式。鼓励汽车租赁企业发展多种服务模式，鼓励与交通运输企业、宾馆、旅行社、商务门户网站等开展合作，增加服务网点，满足休闲、商务、会展、通勤、婚庆等不同的个性化出行需求。借鉴国际成熟的管理技术和经营模式，开展异地还车、电话预约、电子商务、企业相互间代办业务、电子货币结算等业务。鼓励应用卫星定位、导航等先进技术，提高汽车租赁服务水平。

六是创造良好的发展环境。各地要加强指导和协调，支持汽车租赁企业与银行、保险等金融服务行业及汽车产业链各环节的紧密合作，完善消费者诚信体系，增强企业发展能力，降低企业经营风险。加强与公安等有关部门协调，严厉打击诈骗租赁汽车等犯罪行为，积极帮助汽车租赁企业解决丢车法律责任、租车方交通违法责任认定等实际问题。

七是加强汽车租赁市场监管。各地要加快制订汽车租赁服务质量标准，开展服务质量考核评比工作，逐步形成优胜劣汰的市场机制。加强汽车租赁服务监督，推行汽车租赁示范合同，促进企业诚信规范经营。打击非法从事汽车租赁经营行为，维护合法经营者正当权益。支持行业协会发挥桥梁纽带作用，加强行业自律，为企业提供服务。

交通运输部

二〇一一年四月二日

安徽省关于开展汽车租赁新型业态试点促进汽车租赁业加快发展的意见

（皖交公运〔2011〕143号）

各市、县人民政府，省直有关部门：

汽车租赁业是现代交通运输服务业的重要组成部分。发展汽车租赁业，对促进省产汽车工业发展、方便人民群众生产生活需要、改善道路运输经营结构、缓解城市公共交通和出租汽车客运的压力、提升道路运输发展水平，具有十分重要的意义。但是，当前我省汽车租赁业还处在初级阶段，存在着企业规模较小、经营粗放、服务较差等问题。为促进我省汽车租赁业加快发展，经省政府同意，现就在全省开展较高层次、便民利民、管理有序的汽车租赁新型业态试点工作，提出如下意见。

一、发展汽车租赁新型业态的指导思想和试点目标

（一）指导思想。以科学发展观为统领，以发展现代道路运输业为主线，通过规范引导、政策扶持、完善机制，培育壮大汽车租赁骨干企业，提升汽车租赁业服务水平，推进汽车租赁业加快发展，为我省经济社会又好又快发展提供安全、优质、高效的道路运输服务。

（二）试点目标。扶持市场主体，加快构建汽车租赁经营网络体系，推进现代化技术手段应用，逐步使我省汽车租赁经营实现网络化、规模化、信息化、智能化。到2012年底，试点企业控制在2家，使其自有车辆数达到1000台以上、网点覆盖各市、管理高效、网络化运营的大型汽车租赁企业，为汽车租赁创造经验。

二、发展汽车租赁新型业态试点企业的具体标准及扶持措施

（一）设定试点企业准入标准。在我省汽车生产企业或大型企业开展汽车租赁新型业态试点工作，租赁汽车车型为10座以下的省产自主品牌乘用车。鼓励和支持省内汽车生产企业通过直接投资或参股等方式经营汽车租赁业，利用自身的营销服务网络资源和规模优势，设立异地经营网点或连锁经营，降低经营成本，增强租赁车辆更新能力，提高汽车租赁业竞争力，严禁企业采取承包、挂靠的方式经营汽车租赁业，不得提供代驾服务。汽车租赁新型业态试点企业的准入标准是：具有对社会高度负责的态度；具备一定的经济实力和精细化管理水平；自有车辆不少于500辆，注册资金不低于3000万元，配备相应的办公场所和停车场地。

（二）加大对试点企业的扶持力度。省交通运输管理部门将根据国家及省加快发展现代交通运输业的总体部署，以赶超国内同行业先进企业为目标，制定切实可行的实施步骤，着力构建服务规范、集中调度、运营安全、网络经营的汽车租赁经营体系，强化现代信息化管理手段在汽车租赁业中的应用。试点企业在各市设立分公司或租赁网点时，各市交通运输管理及相关部门要给予大力支持。

（三）拓宽试点企业融资渠道。金融机构要加大对汽车租赁行业发展的支持力度，建立适合汽车租赁企业特点的授信管理机制，在授信额度、利率等方面，依据信贷管理有关规定，在规定的幅度内给予资质良好、经营管理水平较高的试点企业适当优惠；同时建立高效的授信审批程序，鼓励各类创业风险投资机构和信用担保机构对试点企业开展融资业务。

（四）加快汽车租赁综合服务设施和网点建设。省交通运输管理部门会同省发展改革、住房和城乡建设等部门，尽快制定安徽省汽车租赁综合服务设施和网点建设的指导意见。各地要根据指导意见，在规划建设机场、铁路客运站、客运码头、公路客运站、旅游景区、居住区、商务区和大型公共活动场所等大型项目时，对汽车租赁服务设施进行科学规划，合理配套。对先期未配套汽车租赁服务设施的机场、车站、码头、景区等大型项目，所在市人民政府和交通运输管理等主管部门要协调项

目业主与试点企业，建立利益共享、互利合作的机制，利用现有场站设立服务网点，实行汽车租赁异地还车等网络化服务，实现消费者在各种运输方式之间的快速中转和无缝衔接。

（五）明确汽车租赁车辆的交通违章及交通责任事故的责任主体。依据《中华人民共和国侵权责任法》，因租赁等情形机动车承租人发生交通事故后属于该机动车一方责任的，由保险公司在机动车强制保险责任限额范围内予以赔偿，不足部分由机动车承租人承担赔偿责任；机动车所有人对损害的发生有过错的，承担相应的赔偿责任。交警部门应向试点企业及时反馈违章信息，如承租人违章，试点企业及时通知承租人按期接受处理，并将承租人驾驶证复印件、租赁服务协议等向交警部门备案，如承租人未及时接受处理，交警部门将在承租人驾驶证年审时追溯。试点企业应将所有租赁车辆向当地车辆管理部门备案，除经试点企业授权外，不得对备案车辆办理转户等手续。

（六）落实税收优惠政策。税务部门要认真贯彻落实国家税收优惠政策，做好纳税服务工作，支持试点企业的发展；对试点企业中存在交通运输业务的，可单独核算，分别按照租赁业和交通运输业税目征收营业税；对试点企业纳税确有困难的，按税收管理权限报经批准后，给予其减免城镇土地使用税、房产税。

（七）提高试点企业抗风险能力。引导试点企业完善租赁管理配套措施，提高企业对经营风险的管控水平，建立安全管理的长效机制，享受既有的保险费率优惠政策。

（八）健全汽车租赁政策法规体系。继续加大道路运输法规的贯彻力度，总结试点工作经验，逐步研究制定汽车租赁业配套规章、办法等。完善行业标准和技术规范，为行业健康发展提供可靠保障。

（九）规范汽车租赁市场秩序。为保证试点工作的顺利开展，建立规范的市场秩序，各相关部门要联合开展汽车租赁市场秩序整顿，规范现有汽车租赁企业行为，使其满足安全运行、优质服务的基本条件，即：自有符合国家有关营运车辆规定的租赁车辆，并按要求安装和使用具有信息采集、存储、交换、监控功能的设施；固定的经营场所和完善的经营组织机构；不少于租赁车辆数30%的停车位；规范的服务操作规程和安全生产管理制度；不得提供代驾服务（婚庆用车除外）。鼓励现有汽车租赁企业以产权为纽带，通过参股、联合、重组、兼并等方式，达到基本条件。通过整顿，对不符合基本条件的汽车租赁企业，道路运输管理机构不予备案，工商行政管理部门不予办理工商登记。建立健全汽车租赁经营者经营业绩、服务质量评价制度和承租者诚信体系，严厉打击各种违法行为。

三、切实加强对发展汽车租赁新型业态工作的组织指导

为扶持汽车租赁新型业态加快发展，在省政府的统一领导下，建立发展汽车租赁新型业态试点工作协调机制，试点工作由省交通运输厅牵头，省发展改革委、省经济和信息化委、省公安厅、省财政厅、省住房和建设厅、省地税局、省工商局、省法制办、省金融办、省物价局、安徽保监局等部门共同参与。各相关部门要明确分管负责同志、职能处室和联系人，加强协调合作，积极争取和落实相关政策及技术支持，加强指导，加大支持力度，确保试点工作顺利进行。

安徽省交通运输厅

二〇一一年五月三十一日

北京市汽车租赁管理办法

（2012 年 2 月 22 日第 116 次北京市政府常务会议审议通过）

第一条 为规范汽车租赁行为，维护汽车租赁市场秩序，保护汽车租赁各方当事人合法权益，保障社会公共安全，促进汽车租赁业健康发展，根据有关法律、法规，结合本市实际情况，制定本办法。

第二条 本市行政区域内的汽车租赁活动及其监督管理适用本办法。

本办法所称汽车租赁，是指经营者在约定时间内将汽车交付承租人使用，收取租赁费用，不配备驾驶人员的经营活动。

第三条 市交通行政主管部门负责本市汽车租赁行政管理工作。远郊区县交通行政主管部门负责本行政区域内的汽车租赁行政管理工作。

市交通行政主管部门的执法机构负责市区的汽车租赁行政执法工作。

公安机关依法负责汽车租赁经营企业的内部治安保卫的监督管理工作，指导、监督企业建立和完善承租人身份查验及登记制度，指导、监督企业落实租赁车辆安装定位装置等治安防范措施。

工商行政管理部门依照职责，依法对汽车租赁活动实施监督管理。

第四条 本市按照统一规划、数量调控、安全服务的原则，促进汽车租赁业规模化、集约化和网络化发展，完善城市交通运输服务功能。

鼓励汽车租赁经营者之间同城和异地合作，开展预约服务、电子商务等业务。鼓励汽车租赁经营者提供汽车租赁共享服务。

第五条 市交通行政主管部门应当会同相关行政主管部门、汽车租赁行业协会制定汽车租赁的经营服务、安全管理等标准，并组织实施。

第六条 市交通行政主管部门应当建立汽车租赁服务和管理信息系统，并与公安、工商行政管理等相关部门共享管理信息，对行业实施信息化管理，为社会公众提供信息服务。

汽车租赁经营者应当配置信息化服务的相关设备设施，并将安全服务信息即时传输至汽车租赁服务和管理信息系统。

第七条 本市对汽车租赁经营者实行年度质量信誉考核制度，对经营者的安全生产、经营行为、服务质量、管理水平和履行社会责任等方面进行综合评价。年度质量信誉考核结果向社会公布。

第八条 本市鼓励汽车租赁业实施行业自律，鼓励汽车租赁行业组织建立健全行业自律制度，规范和指导汽车租赁经营者的经营行为，组织汽车租赁经营者开展诚信建设，提高汽车租赁经营者的服务质量，维护汽车租赁经营者的合法权益，参与汽车租赁管理相关法规、政策、标准的研究制定和宣传贯彻。

第九条 从事汽车租赁经营的，经营者应当在取得企业营业执照之日起30日内按照规定向市交通行政主管部门或者远郊区县交通行政主管部门办理备案。

办理备案时，应当提交下列材料：

（一）法人登记证明；

（二）税务登记证明；

（三）经营场所权属证明或者合法租用证明；

（四）企业经营服务和安全管理制度。

经营者提交的材料齐全的，市交通行政主管部门或者远郊区县交通行政主管部门应当出具汽车租赁经营备案证明。

经营者购买车辆后应当向原备案部门办理车辆备案，提交车辆行驶证明和经营设备设施清单。原备案部门对已备案的车辆出具车辆备案证明。

第十条 经营者的备案事项发生变更的，应当在变更之日起15日内到原备案部门办理备案变更。

第十一条 本市对租赁小客车实施数量调控措施。租赁小客车年度增长数量由市交通行政主管部门根据本市租赁行业发展目标、交通发展规划和全市小客车数量调控要求统筹确定，并向社会公布。

第十二条 汽车租赁经营者申请租赁小客车新增指标的，应当符合下列条件：

（一）已经按照本办法第九条的规定办理备案；

（二）上一年度质量信誉考核合格；

（三）上一年度在本市依法足额纳税。

新成立的汽车租赁经营者申请租赁小客车新增指标的，不适用前款第二项、第三项的规定。

第十三条 租赁小客车新增指标按照公开、公正的原则无偿分配。指标分配方案由市交通行政主管部门根据租赁行业发展目标、企业质量信誉考核情况制定，在征求汽车租赁行业组织和汽车租赁经营者的意见后确定并实施。指标分配方案和分配结果应当向社会公示。

第十四条 汽车租赁经营者应当遵守下列规定：

（一）在经营场所显著位置明示服务项目、收费标准、车辆保险、租车流程及监督电话；

（二）按照约定的价格收取租赁费用；

（三）按照规定进行车辆检测和维护保养，保证租赁车辆技术性能良好、符合安全行驶条件；

（四）建立并完善救援服务体系，对租赁期间发生故障或者事故的车辆，及时按照约定提供救援服务；

（五）建立租赁经营管理档案和车辆管理档案，并按照规定报送管理数据信息；

（六）建立健全经营服务、安全保卫、消防等管理制度；

（七）国家和本市其他相关规定。

第十五条 用于租赁的车辆应当符合下列要求：

（一）行驶牌证齐全有效且为汽车租赁经营者所有；

（二）已按照国家规定办理相应的保险；

（三）已安装车辆定位装置；

（四）技术性能良好、符合安全行驶条件；

（五）车内配备有效的车用灭火器、故障车警示标志牌和必要的维修工具。

第十六条 汽车租赁双方应当签订书面租赁合同。合同内容应当包括车辆用途、租赁期限、租赁费用及付费方式、车辆交接、担保方式、车辆维护和维修责任、车辆保险、风险承担、违约责任和争议解决方式等条款。

《北京市汽车租赁合同》示范文本由市交通行政主管部门、市工商行政管理部门会同汽车租赁行业组织制定。

第十七条 租赁车辆时，经营者应当核对承租人身份信息，按照规定登记录入服务管理信息系统，并对信息采取保密措施，不得对外泄露。

第十八条 承租人应当遵守下列规定：

（一）提供的相关身份信息合法、真实、有效；

（二）爱护车辆及其附属设施，按照操作规范驾驶车辆；

（三）随车携带承租车辆的相关证件；

（四）不得利用租赁车辆运输国家法律法规禁运、限运物品，以及从事其他违法犯罪活动；

（五）不得将承租车辆进行抵押、变卖或者转租。

第十九条 租赁期间车辆发生交通事故的，承租人和经营企业按照租赁合同的约定承担相应的赔偿责任；租赁合同没有约定的，按照国家有关法律、法规的规定承担相应责任。

第二十条 发现承租人利用租赁车辆从事非法营运等违法活动的，汽车租赁经营者有权拒绝签定或者终止履行租赁合同。

经营者发现承租人利用租赁车辆从事违法犯罪活动的，应当及时向有关部门举报。

第二十一条 汽车租赁经营者有下列情形之一的，年度质量信誉考核不合格：

（一）发生重大生产安全事故，经调查确定为责任事故的；

（二）对治安案件发生负有较大责任，被公安机关依法处理的；

（三）存在重大违法经营行为，被有关部门依法处理的；

（四）经营场所、设备设施、租赁车辆不符合本办法规定，被依法处理后仍不改正的；

（五）经营服务行为不符合本办法规定，被依法处理后仍不改正的。

上一年度质量信誉考核不合格的，相关部门暂缓办理本年度车辆更新指标手续。

第二十二条 市交通执法机构和远郊区县交通行政主管部门应当建立汽车租赁服务质量投诉制度，公开投诉电话、电子邮箱、通信地址等联系方式。

市交通执法机构和远郊区县交通行政主管部门接到投诉或者举报后，应当依法及时处理，并将处理结果向投诉人或者举报人反馈。

第二十三条 违反本办法第九条规定，未办理企业经营备案或者车辆备案从事汽车租赁经营的，由市交通执法机构或者远郊区县交通行政主管部门责令限期办理备案手续；逾期未办理的，处以 1 万元以上 3 万元以下罚款。

第二十四条 违反本办法第十条规定，未按照规定办理备案变更的，由市交通执法机构或者远郊区县交通行政主管部门责令限期办理备案变更手续；逾期未办理的，处以 5000 元以上 1 万元以下罚款。

第二十五条 违反本办法第十四条第一项、第二项、第三项、第四项、第五项规定之一的，由市交通执法机构或者远郊区县交通行政主管部门给予警告，责令限期改正，并可处以 1000 元罚款；违反第三项、第四项规定之一，造成严重后果的，处以 1000 元以上 1 万元以下罚款。

违反本办法第十四条第六项的规定，汽车租赁经营者未建立经营服务管理制度的，由市交通执法机构或者远郊区县交通行政主管部门给予警告，责令限期改正，并可处以 1000 元罚款；造成严重后果的，处以 1000 元以上 1 万元以下罚款。

违反本办法第十四条第六项的规定，汽车租赁经营者未建立安全保卫管理制度的，由公安机关给予警告，责令限期改正，并可处以 1000 元罚款；造成严重后果的，处以 1000 元以上 1 万元以下罚款。

第二十六条 违反本办法第十五条第三项的规定，汽车租赁经营者未安装车辆定位装置的，由公安机关给予警告，并责令限期改正；逾期未改正的，处以 1000 元罚款；造成严重后果的，处以 1000 元以上 1 万元以下罚款。

第二十七条 违反本办法第十七条规定，经营者未核对承租人身份信息并按照规定登记录入服务管理信息系统的，由公安机关给予警告，并责令改正；拒不改正的，处以1000元罚款。

第二十八条 违反本办法第二十条第一款的规定，汽车租赁经营者明知承租人利用租赁车辆从事非法营运等违法活动但仍签定或者继续履行租赁合同的，依法承担相应责任。

第二十九条 出租9座以上客车的，适用道路运输管理的相关规定。

第三十条 本办法自2012年5月1日起施行。2002年8月21日北京市人民政府第105号令发布，根据2004年6月1日北京市人民政府第150号令修改的《北京市汽车租赁管理办法》同时废止。

北京市租赁汽车技术管理规定（试行）

京运管赁发〔2009〕266号（2009年8月3日发布）

第一章　总　则

第一条　为了加强租赁汽车技术管理，保证租赁车辆的完好技术状况和承租人的安全用车权益，依据《北京市汽车租赁管理办法》和有关法规、规定，制定本规定。

第二条　本规定所称技术管理，是指按规定的里程（时间）、项目和作业程序，对租赁车辆实施维护、修理、检测及运行技术服务，确保在租车辆处于完好的技术状态。

第三条　汽车租赁经营企业（以下简称租赁企业）应当依据本规定和有关法规、标准、规定，对租赁经营车辆实施技术管理，建立健全车辆维护和修理规章制度，组织员工专业技术培训，完备车辆技术管理档案，为承租人提供车辆安全技术服务。

第四条　市和区县交通运输管理机构依据本规定和有关法规、标准、规定，对租赁汽车技术管理进行督导、检查和考评。

第二章　车辆维护

第五条　车辆维护包括整备维护和定程维护。

第六条　整备维护，是指对承租人用后归还的车辆进行安全技术检查，并根据检查状况进行必要的调试、紧固、润滑、清洁、补给，使车辆恢复完好的待租状态。

租赁车辆首次启用或停驶一个月以上启用的，应当先进行整备维护。

第七条　整备维护的项目、内容和要求，按照《租赁汽车整备维护作业表》（见本规定附件一）执行。

第八条 整备维护由租赁企业自行组织实施，其中技术性操作项目及检验作业应当由持有相应职业资格证书的人员实施。

第九条 实施整备维护时，应完整填写《租赁汽车整备维护作业表》（见本规定附件一），事后整理归档。

第十条 经过整备维护的租赁车辆，应达到技术状态良好、外观内饰整洁、牌证附件齐全的标准要求，符合北京市地方标准《汽车租赁经营服务规范》（DB11/T 475—2007）7.8 之各项规定。

第十一条 未经整备维护的租赁车辆，不得交付承租人使用。

第十二条 定程维护，是指按租赁汽车使用说明书规定的间隔里程（间隔时间）及相应的维护项目、标准，对车辆进行周期性的技术维护，以恢复和保持其完好的安全技术状态。

第十三条 租赁企业应当严格按规定的周期组织车辆定程维护。车辆使用环境恶劣或使用强度较大的，应当相应缩短维护间隔里程或时间。

第十四条 定程维护由车辆生产厂家特约维修服务企业或具备机动车维修资质的企业承担；租赁企业具备相应维修及检验条件的，可以自行实施维护。

第十五条 租赁企业应当严格按规定项目和作业程序组织落实车辆维护，不得拖延周期或漏减项目。

第十六条 鼓励支持租赁企业与定程维护承接企业订立长期委托合同，以保证车辆维护质量稳定和信息数据完整；单车维护完成后，应将机动车维修企业出具的维护检验单和出厂竣工合格证及时整理归档。

第十七条 租赁企业自行实施定程维护的，应当完整填写《租赁汽车定程维护作业表》（见本规定附件二），及时整理归档。

第三章 车辆修理和检验

第十八条 租赁企业应当根据租赁车辆运行故障、事故损伤、机件磨损致功能失效等状况，分别进行整车、总成修理和小修、专项修理，及时恢复车辆的完好技术状况。

第十九条 租赁汽车修理应由具备机动车维修资质的企业承担。租赁企业具备相应维修及检验条件的，可以按照机动车维修行业的规定和标准，自行实施小修和专项修理。

第二十条 租赁企业须严格按照道路交通安全管理法律、法规的规定，定期将租赁车辆交由公安交通管理部门进行安全技术检验。安全技术检验不合格或逾期未进行安全技术检验的车辆，不得交付承租人使用。

第四章 车辆技术服务

第二十一条 租赁车辆交付承租人时，租赁企业应向承租人告知车辆技术状况及使用操作事项，清点随车工具和安全附属用具；同时签订行业通用的《车辆租用告知书》，明确车辆出租后双方的责任和义务。

第二十二条 租赁企业应当按照《汽车租赁经营服务规范》（DB11/T 475—2007）8.6之各项规定要求，完备在租车辆救援服务预案，为承租人提供及时有效的救援服务，或指导承租人排除车辆运行故障。

第二十三条 在租车辆达到规定的里程（时限）需要进行技术维护或安全技术检测时，租赁企业应当及时召回进行维护和检测；无法即时召回的，应当委托承租人就近送达指定的企业、场站进行维护和检测。

第二十四条 经汽车产品制造商或质检行政部门认定，租赁汽车及其零部件属缺陷产品的，或者在租用中出现安全隐患的，租赁企业应当立即告知承租人停驶，并及时召回采取处置措施。

第五章 租赁汽车技术档案

第二十五条 租赁企业应当逐车建立技术管理档案。

第二十六条 租赁汽车技术管理档案分为主件和附件。

主件应使用行业通用的《北京市租赁汽车技术档案》（见本规定附件三）纸质文本，或者依纸质文本信息建立电子文本，累积记录租赁车辆基本情况和维护、修理、检测、换件、事故损伤与修复等动态状况。

附件应汇集保存单车维护、修理、检测、换件、事故损伤与修复等各类纸质单据。

第二十七条　租赁汽车技术管理档案资料与车辆原始户籍档案资料，作为完整的车辆档案一并管理保存，或由企业所属职能部门分类管理保存。

第二十八条　租赁车辆在租赁企业之间进行过户变更的，租赁汽车技术管理档案应当随车移交，以保持车辆技术管理信息的连续完整。

第二十九条　租赁企业在接受交通运输管理机构检查与考评时，应当完整提供租赁汽车技术管理档案。

第六章　监督检查和处置

第三十条　交通运输管理机构依据本规定和《汽车租赁行业监管考评办法》，对租赁汽车技术管理实施监督检查和考评。

第三十一条　租赁企业有以下情形之一的，责令其限期整改；情节严重或整改无效的，视情给予行业通报批评，或向社会公示：

（一）不按规定进行车辆维护、修理和安全检测的；

（二）不按规范使用、填写、归集车辆维护作业表的；

（三）不按要求建立车辆技术管理档案或资料残缺、填写不全的；

（四）将未经维护、修复和安全检测的租赁车辆提供给承租人使用的；

（五）因违反车辆技术管理规定造成租赁车辆安全事故的。

第三十二条　租赁企业有以下情形之一的，除适用第三十一条的措施外，可移交交通执法机构，依据《北京市汽车租赁管理办法》予以行政处罚。

（一）未建立健全车辆维护和修理管理制度的；

（二）不履行租赁车辆安全技术事项告知责任的；

（三）不按照合同约定向承租人提供救援服务的。

第七章　附　则

第三十三条　本规定由北京市运输管理局负责解释。

第三十四条　本规定自发布之日起实施。

附件一

租赁汽车整备维护作业表

序号	作业项目	作业内容	技术要求	安全技术状况	作业人员
1	外观、内饰及附属设施	检查车身、车厢，清除车辆内外杂物、尘土及油污，对车厢内进行消毒处理（禁止用水冲洗发动机）	车身内饰整洁、完好，无明显损伤、缺陷和污物；车内无异味、无污渍；车厢内各部位进行了消毒处理		
2		检查车门、行李舱门、油箱舱门和发动机舱门锁止情况	各部舱门开启自如，锁止可靠 、位置正确		
3		检查、清洁风窗、车内外后视镜	前风窗、后视镜应保持清洁		
4		检查行李舱	舱内物件有序就位，无杂物，无易燃易爆危险品		
5		检查车内原配设施	刮水器、收音机、CD 机、点烟器、安全带、空调、阅读灯等使用正常，座椅、车窗升降位移操作灵敏，行程自由		
6		检查随车工具	随车工具齐全有效		
7		行车牌证标志、服务监督卡、保险服务卡	各类牌证、标志齐全有效		
8	灯光、仪表及警报装置★	检查喇叭、灯光及电器设备的工作状况	各灯光、喇叭、信号装置齐全有效，反应灵敏、准确		
9		检查仪表盘指示，观察各仪表工作情况、显示状态及警报装置的工作状况	各类仪表指示、显示示值符合原厂要求，工作正常，无异常现象；警报装置工作正常		
10		检查车载 GPS、行车记录仪工作情况	GPS、行车记录仪终端设备工作正常		
11	各类油、液补给★	检查发动机机油	清洁不变质；液面应在机油尺的上、下刻线之间		
12		检查发动机冷却液液面、动力转向储油罐液面、制动液储液罐液面、玻璃清洁液罐液面	液面高度符合规定		
13		检查燃油箱油量	油箱盖应安装牢固，燃油不足 10 公升应及时添加		
14	发动机运转★	检查发动机怠速及运转状况、听查发动机各部响声	发动机运转平稳、无异响，无过热现象，怠速及踩下加速踏板时排气管无严重冒烟现象		
15		查看有无漏油、漏水、漏电、漏气现象	各部位无泄漏		
16		清洁发动机机舱	无明显油腻和污物		

续表

序号	作业项目	作业内容	技术要求	安全技术状况	作业人员
17	转向、制动★	检查转向盘自由行程，检查转向臂，横、直拉杆及各部连接	转向轻便灵活，转向后自动回正；横、直拉杆无松旷；各部连接牢固、锁销齐全		
18		检查制动系统各连接部位	制动系统工作可靠，无漏油、漏气		
19	传动皮带★	检查各传动皮带	皮带无剥落、老化现象；松紧度符合要求		
20	空气滤清器★	必要时清洁空气滤清器 定期清洁空气滤清器滤芯	空气滤清器清洁有效；各部连接管路应连接可靠，不得有破损或短路现象；滤芯堵塞严重应及时更换		
21	蓄电池★	清洁蓄电池、桩头及通气孔； 检查蓄电池液面高度和桩头连接	清洁紧固蓄电池、桩头，通气孔畅通；蓄电池液面高度符合规定		
22	油、气、电管路★	检查各油、气、电管路	各管路通畅，无损伤，无龟裂，不松动，连接可靠，安装正确，绝缘良好，无漏油、漏气、漏水现象		
23	轮胎、车轮★	检查轮胎胎间有无夹嵌物；查看轮胎螺栓有无松动；检查轮胎气压	剔除轮胎间夹石、扎钉；轮胎螺栓、轴头螺母无松动；轮胎气压符合车型规定		
24	车架及车身★	检查车架及车身	各部件应齐全、完好；连接螺栓无松动；车身周正无歪斜		
25	路试★	检查车辆行驶稳定性，观察离合器、发动机、变速器、传动轴等工作、运转情况	变速器、传动轴无异响；发动机运转平稳；换挡操纵顺利，无跳挡现象；直线行驶不跑偏；轮毂无过热现象；制动灵敏有效，制动不跑偏		
检验结论		检验人员签字： 年 月 日			

备注：1. 此表由租赁车辆整备维护作业人员和检验人员填写，用于记录租赁汽车整备维护作业过程及经维护后的安全技术状况。

2. 作业项目中标注“★”为技术性操作项目。

3. 作业人员应当对照整备维护作业项目及技术要求，逐项作业并对维护作业质量做出评价，整备维护作业符合安全技术要求的应在“安全技术状况”栏内填写“合格”字样；不符合要求的，填写“不合格”字样，并作具体描述说明。

4. 检验人员应当对照整备维护作业项目及技术要求，逐项检查维护作业质量并做出“合格”或“不合格”的检验结论，“不合格”的还应当提出具体的整改意见。

编 号：

附件二

定程维护作业表

维护时间		牌照号码	
厂牌车型		发动机号码	
底盘号码		行驶里程	
	维护项目	技术状况	作业人员
整车			
发动机			
电器电控系统			
传动系			
转向系			

续表

维护时间		牌照号码			
厂牌车型		发动机号码			
底盘号码		行驶里程			
	维护项目	技术状况			作业人员
制动系					
行驶系					
附加作业情况记录		更换主要零部件记录			
项目	修理情况摘要	名称	规格	数量	产地
备注		检验员（签字）： 年　月　日			

说明：1. 此表由租赁车辆整备维护作业人员和检验人员填写，用于记录租赁汽车定程维护作业过程及维护后的技术状况。

2. 作业人员应对照车辆使用说明书规定的作业项目及技术要求，逐项作业并对作业质量做出评价，符合技术要求的应在“安全技术状况”栏内填写“合格”字样；不符合要求的，填写“不合格”字样，并作具体描述说明。

3. 检验人员应当对照整备维护作业项目及技术要求，逐项检查维护作业质量并做出“合格”或“不合格”的检验结论，“不合格”的还应当提出具体的整改意见。

4. 此表由企业车辆安全技术管理部门建档保存。

附件三

编 号：________

北京市租赁汽车技术档案

车主名称：________________

车牌号码：________________

车辆类别：________________

车辆型号：________________

建档日期：________________

北京市运输管理局制

说　明

1. 根据《北京市汽车租赁管理办法》及《汽车租赁经营服务规范》（DB11/T 475—2007）的要求，汽车租赁经营者应当逐车建立租赁车辆技术档案，及时、完整和准确记载租赁汽车技术管理的相关内容，不得随意更改，并妥善保管。

2. 表 1 中的各项信息应当与《机动车车辆登记证明》和车辆使用说明书载明的信息一致；填写或选择车辆基本情况的有关内容，符合的请在选择项后以“√”表示。

3. 表 2 中的“车辆维修类别”栏应视情填写“整车、总成、小修、专项”修理类别。

4. 表 3 中的“更换主要部件”是指维修中更换客车车身、货车驾驶室和货厢、发动机、离合器、变速器、传动轴、前后桥、转向器、车架等部件。

5. 表 5 中的“事故简要描述”应记录事故的时间、地点、当事人和人员财产损失、事故原因（如：人为事故、机械事故）、事故责任等。

车辆基本情况表

表 1

车辆类型		厂牌型号		出厂日期	
颜　色		产　地	国产：　进口：	底盘厂牌型号	
VIN(或车架)号		车辆外廓尺寸	长：　宽：　高：	总质量	
核定载质量/乘员数		核定牵引总质量	kg	车轴数/驱动轴数	/
发动机厂牌型号		发动机号码		燃料种类	
发动机功率	kW	发动机排量	L	排放标准	
驱动形式		轮胎数/规格		前照灯制式	
变速器形式	自动/手动/手自动一体化	缓速器	电磁式/液力式	转向器	动力转向/非动力转向
行车制动形式	气/液/气—液　前轮：盘式/　鼓式　后轮：盘式 鼓式　防抱死装置　蹄片间隙自调　单/双回路				
悬架形式	前轮：独立/非独立　气囊/　片板簧　后轮：独立/非独立　气囊/　片板簧				
其他配置	底盘自动润滑　GPS　行车记录仪　空调器				
定程维护里程					

车辆维修记录表

表 2

日期	维修类别	修理内容和更换主要部件名称、型号（规格）及厂名	维修单位	记录人签　名

车辆维护和安全检验记录表 表 3

维护或检验日期	行驶里程记录	维护类别	维护作业人员	检验单位	记录人

车辆交通事故情况记录表 表 4

事故简要描述	车辆损坏情况	登记人

北京市汽车租赁经营服务规范

（北京市地方标准 DB11/T 475—2007）

1　范围

本标准规定了汽车租赁经营服务的规范性要求，包括对经营主体、经营场所、经营设备、租赁车辆、租赁服务的要求与评价。

本标准适用于从事汽车租赁经营的企业法人、企业法人的分支机构等经营主体（以下统称汽车租赁经营者）。

2　规范性引用文件

下列文件中的条款通过本标准的引用而成为本标准的条款。凡是注日期的引用文件，其随后所有的修改单（不包括勘误的内容）或修订版均不适用于本标准，然而，鼓励根据本标准达成协议的各方研究是否可使用这些文件的最新版本。凡是不注日期的引用文件，其最新版本适用于本标准。

GB 7258—2004　机动车运行安全技术条件

GB/T 18344—2001　汽车维护、检测、诊断技术规范

3　术语和定义

下列术语和定义适用于本标准。

3.1　租赁车辆　rental car

汽车租赁经营者合法拥有的用于租赁经营的车辆。

3.2　承租人　renter

与汽车租赁经营者订立租赁合同并获得租赁车辆使用权及租赁服务

的自然人、法人等消费者。

3.3 担保人 guarantor

当承租人不能履行汽车租赁合同规定的责任和义务时，按合同约定代为承担相应责任和义务的第三者。

3.4 营业门店（营业站点） service sites

汽车租赁经营者开设的为承租人提供汽车租赁服务的营业场所。

3.5 车辆整备 car maintenance for leasing

租赁车辆经过一个租用合同期后，对其进行检查、调试、紧固、润滑、保洁、补给和整理，恢复其完好的待租状态。

3.6 待租车辆 leasable car

具备租赁条件，随时可供租用的车辆。

3.7 在租车辆 leased car

按照租赁合同已交付承租人使用的车辆。

4 经营主体

4.1 汽车租赁经营者应持有合法有效的营业执照。

4.2 汽车租赁经营者宜创立服务品牌，注册或使用服务商标。

5 经营场所

5.1 汽车租赁经营者应有固定的营业门店。

5.1.1 租用营业门店应当依法签订租用合同，其有效期限不少于1年。

5.1.2 营业门店地址应与工商注册地址一致。

5.1.3 营业门店应有明显标识，文字标志应与工商注册的名称或字号一致。

5.1.4 营业门店宜设置中文和英文双语标识。

5.1.5 营业门店宜使用品牌标志或商标。

5.1.6 营业门店应当设立接待服务、业务办理、车辆交接等功能区域。

——接待服务区域应当公示经营服务项目、价目和租车手续、服务承诺、监督投诉事项等，备有相关的查询资料，并为承租人提供等候、咨询等便利服务。

——车辆交接区域至少具备1个停车位面积和车辆交接点验条件。

——同一经营主体的2个以上营业门店，宜实行联网经营服务，宜开展预约租车、异地租（还）车业务。

5.2　汽车租赁经营者应有供待租车辆使用的停车设施，包括自有自用、整体租用停车场（库）和临时使用社会公共停车位。

5.2.1　整体租用停车场（库），应当签订1年期以上租用合同。

5.2.2　自有自用和整体租用停车场（库），其使用面积应当满足30%以上租赁车辆的停放需求。

5.2.3　汽车租赁经营者对自有自用和整体租用的停车场（库）负有安全管理责任，应保证其安全布局和安全设置符合《北京市机动车和机动车停车场停车库防火安全管理规定》，并经过安全生产相关部门检验合格。

——配置防火、防爆、防盗等设施设备。

——禁止放置易燃、易爆、易污染环境的物品。

——与易燃易爆源保持安全距离。

——施划停车位，预留车辆紧急疏散通道。

——设置安全警示和禁令标志。

——完备安全管理制度，配备安全值守人员。

5.2.4　临时使用社会公共停车位，不应妨碍和危及公共安全。

5.3　汽车租赁经营者自设车辆维修作业场所的，应当依据汽车维修行业安全管理的规定和标准，完备安全生产规章制度，明确各类机具设备、用电设备、燃气燃油、压力容器以及易燃、易爆、剧毒、强腐蚀、强辐射等物料的安全使用规程和安全防护措施，并明确岗位安全责任。

6　计算机设备

6.1　汽车租赁经营者应当配置计算机设备及经营管理软件。

6.2　经营管理软件应当具备车辆管理、客户管理、合同管理、租金管理、统计管理等基本功能。

7 租赁车辆

7.1 租赁车辆应取得本市机动车行驶证和机动车号牌。机动车行驶证的车主名称应与持证的汽车租赁经营者工商注册名称一致。

7.2 租赁车辆应符合 GB 7258—2004 的要求，持有当期有效的机动车安全检验合格标志。

7.3 租赁车辆应符合本市环境保护指标要求，持有当期有效的绿色环保标志。

7.4 汽车租赁经营者应按规定向有关部门提供租赁车辆信息。

7.5 租赁车辆应办理法定的机动车交通事故责任强制保险等险种。汽车租赁经营者宜为租赁车辆办理第三者责任险，车辆损失险、全车盗抢险及其他险种。

7.6 汽车租赁经营者应按照 GB/T 18344—2001 的规定，对租赁车辆进行周期性技术维护，包括日常维护、一级维护、二级维护。

7.6.1 技术维护的间隔里程（间隔时间）一般按原车使用说明书的规定进行。车辆使用环境恶劣或使用强度较大的，应当相应缩短技术维护的间隔里程（间隔时间）。

7.6.2 汽车租赁经营者自行实施部分技术维护项目的，应由持有相应职业资格证书的人员进行操作和检验，并制作项目作业和项目检验单（表），履行记录和签字手续。

7.7 租赁车辆宜配置使用 GPS 系统或行车记录仪等终端设备和通讯设施。

7.8 租赁车辆应当在经过一个租用合同期后，及时进行车辆整备。

7.8.1 车辆整备的基本内容是：全面检查车辆技术状况，进行必要的调试、紧定、润滑、清洁，补充发动机燃油、润滑油、冷却液和其他油、液，清点和备齐随车附件、工具、行车牌证，使车辆恢复完好的待租状态。

7.8.2 车辆整备由汽车租赁经营者自行组织实施。其中技术性项目由持有相应职业资格证书的人员进行操作和检验，并制作项目作业和项目检验单（表），履行记录和签字手续。

7.8.3 租赁车辆整备后应符合以下要求。

7.8.3.1 技术状况良好

——发动机、底盘运转稳定、正常、无异响。

——制动、转向、离合、变速各系统操纵灵敏，工作可靠。

——发动机润滑油、冷却液和蓄电池电解液加注量符合规定，通气阀（孔）畅通。

——车架、车身、悬架、轮毂和各传动杆（件）完好无损，紧固部位紧定可靠，油脂润滑部位润滑充分。

——各部管路畅通，密封良好，无漏水、漏油、漏气现象。

——电路连接正确可靠，灯光、仪表、喇叭、信号装置及其他电气设备齐全完好。

——轮胎完好，气压正常。

7.8.3.2 外观内饰完好整洁

——车辆外观无明显损伤、缺陷和污物。

——车辆原配设施齐全完好，附加设施装配完好。

——车内整洁，无异味、无污渍，进行了消毒处理。

——行李箱内物件有序就位，无杂物、无易燃易爆等危险品。

——发动机机舱清洁，无明显油腻和污物。

7.8.3.3 随车物件配备齐全

——随车工具、备胎、灭火器、故障警示牌、防盗装置等附属物件齐备、完好。

——行车牌证、检验标志、服务监督卡齐全。

——车辆备用燃油量不低于10L。

7.9 汽车租赁经营者应当建立租赁车辆单车管理档案；并依托经营管理软件，完备租赁车辆管理数据信息。

7.9.1 单车管理档案应当完整保存和汇集如下基础资料。

——车辆购置、赋税、入籍、保险、备案、转籍、注销等原始凭据。

——车辆行驶里程以及维护、修理、换件、检测、整备等累计情况和资料。

——车辆事故损坏、修复等情况和资料。

——车辆的其他情况和资料。

7.9.2 租赁车辆管理数据信息，应当包括车辆牌证管理、车辆技术管理、车辆租赁管理、车辆运行管理及其他动态管理的数据信息。

8 租赁服务

8.1 接待服务

8.1.1 接待服务员工应当经过岗位培训，上岗时宜统一着装，佩戴标志，仪表端庄整洁，文明礼貌待客。

8.1.2 接待服务员工应当向顾客介绍经营服务项目、价目和租赁手续等事项，需要提供相关资料的应当充分提供。

8.1.3 涉外接待服务应当遵循涉外礼仪，提供外语服务，宜备有英文查询资料。

8.2 承租人身份核实

8.2.1 租赁双方确定租赁意向后，汽车租赁经营者应当查验承租人的有效身份证件。

——个人客户应当查验其居民身份证、机动车驾驶证等有效证件。

——团体客户应当查验其组织机构代码证书、营业执照、拟定驾车人员的机动车驾驶证、经办人员的居民身份证及授权经办书。

8.2.2 汽车租赁经营者应当对承租人身份查验及核实情况进行登记。必要时可要求承租人提供担保人及担保书，并对担保人身份进行核实。担保人应当具有相应的民事责任能力。

8.2.3 汽车租赁经营者应当完整保存承租人、担保人身份核实的有关资料；完备承租人身份信息、信用信息及其他数据信息，实行信息化管理。

8.2.4 汽车租赁经营者对承租人的有关信息负有保密义务。

8.3 租赁合同与告知

8.3.1 租赁双方应当签订租赁合同。租赁合同可使用附录 A 提供的示范文本。

8.3.2　租赁双方需要对合同条款进行细化或者有其他事项需要约定的，可以在租赁合同示范文本基础上签订合同增补条款。

8.3.3　授权经办书、担保书和合同增补条款，应当作为租赁合同的附件。

8.3.4　汽车租赁经营者应当就租赁车辆的正确使用、安全驾驶、日常维护、救援服务等事项，向承租人书面告知。书面告知可使用附录B提供的示范文本。

8.3.5　租赁合同和书面告知的正本，经双方签字（签章）后各执1份。

8.3.6　汽车租赁经营者应当完整保存租赁合同及附件资料，完备租赁合同签订、履行、变更、终止、续签等数据信息，实行信息化管理。

8.4　租金和保证金

8.4.1　汽车租赁经营者按合同约定的金额和方式收取租金，并开具正式发票。

8.4.2　汽车租赁经营者按合同约定收取保证金。保证金不得挪作他用，不得在租赁合同正常执行期内冲抵租金。合同履行完毕，将保证金退还承租人。

8.5　发车交接

8.5.1　发车交接时，租赁双方按照租赁车辆交接单进行当场点验。点验中，允许承租人进行车辆试操作，汽车租赁经营者应当向承租人全面讲解该车性能和安全操作事项。

8.5.2　点验和试操作中发现问题的，应当及时处置和补救；一时无法处置补救但不影响车辆正常驾驶和安全运行的，应当在车辆交接单上注明；承租人对车辆不满意要求另作选择的，应当予以满足。

8.5.3　经点验无误后，租赁双方在租赁车辆交接单上签字确认。

8.6　救援服务

8.6.1　在租车辆因故障或事故不能正常行驶时，汽车租赁经营者应按照租赁合同约定，提供及时有效的车辆救援服务。

8.6.2　汽车租赁经营者应当完备救援服务预案。

——按租赁车辆总数1%预留待租车辆，不足100辆的预留1辆，以备承租人替换使用。

——按租赁车辆总数 0.5% 配备救援工作车，不足 200 辆的配备 1 辆，每辆救援工作车配备 2 名以上救援服务人员。

——备有车辆易损配件、易耗油品、便携机具和通讯、照明等应急用品，并有序就位，便于随时取用。

——设置救援服务电话，保证 24 小时有人值守。

8.6.3　汽车租赁经营者可以与专业救援单位或汽车维修企业订立委托救援服务合同（协议）。委托救援应当遵循本标准有关救援服务的要求。

8.6.4　汽车租赁经营者接到承租人救援电话请求后，应当准确记录情况，并根据救援需求和救援预案实施救援。事发地点在本市五环路以内或单程 20 公里以内的，应当在 2 小时内到达；超过此范围及行程的，应当向承租人预告到达时间，或者采取其他便捷的救助措施。

8.6.5　救援人员抵达后，故障车辆 2 小时内无法恢复正常行驶的，汽车租赁经营者应当向承租人提供相应功能和租价的临时替换车辆，或者双方协商采取其他补救措施。

8.6.6　故障车辆需送修的，由汽车租赁经营者负责送修，或者委托承租人到指定地点送修。修理费用依车辆故障责任和租赁合同的约定承担。

8.6.7　因承租人责任造成车辆送修停运，汽车租赁经营者依租赁合同向承租人收取停运损失费的，应当向承租人明示修理项目和修理工时等原始清单。

8.7　在租车辆召回

8.7.1　在租车辆达到规定的里程或时限需要进行技术维护时，由汽车租赁经营者及时召回进行维护，或委托承租人到指定维修企业进行维护。维护费用由汽车租赁经营者承担。

8.7.2　在租车辆需要依法进行安全技术检验时，由汽车租赁经营者及时召回送检，并承担检验费用。

8.7.3　车辆租出后发现安全隐患的，汽车租赁经营者应立即告知承租人停驶，并及时采取处置措施。

8.7.4 在租车辆因维护、检验、停驶而影响承租人正常使用的，汽车租赁经营者应当提供替换车辆。

8.8 服务监督

8.8.1 汽车租赁经营者应当在随车的服务监督卡上公示服务监督、投诉电话号码或互联网址，随时接受承租人的意见和投诉。

8.8.2 汽车租赁经营者对承租人的投诉意见应当详细记录，认真查证，妥善处理，并在1周内予以回复；租赁车辆归还时，应当收集承租人的服务监督书面意见。

8.9 收车交接

8.9.1 租赁车辆归还时，租赁双方对照发车时的交接单，对车辆完好状况和随车附件进行点验。经点验无误的，在车辆交接单上注明，双方签字认可。

8.9.2 车辆经点验有异常损坏或缺失时，应当即时界定责任，并依照租赁合同确定相应的赔（补）偿责任。无法即时界定责任或租赁合同无相应约定的，双方本着公平、诚信的原则协商处理；协商不成的，可依法履行调解、仲裁或诉讼程序。

8.9.3 租赁车辆归还后，汽车租赁经营者及时将车辆租用期间的有关情况记入单车管理档案，同时将有关数据信息录入车辆租赁管理、车辆运行管理等数据库。

8.10 结算

8.10.1 租赁车辆归还后，租赁双方及时进行费用结算。

8.10.2 汽车租赁经营者应当完整保存费用结算单据；完备月度、季度、年度经营核算数据信息，实行信息化管理，并按照规定报送有关数据信息。

9 经营服务考评

9.1 建立汽车租赁经营服务考核评价机制。

9.1.1 行业协会和行政管理机构可依据本标准及附录C，实施监管与考评，监管与考评信息应当向社会公示。

9.1.2 汽车租赁经营者可依据本标准参与行业经营服务考评活动，接受行业考评机构的考核评价意见，根据考评意见进行整改。

9.1.3 汽车租赁经营者应当及时收集和分析承租人对经营服务质量的反馈意见，建立经营服务自我考评机制，不断改进、完善、提高经营服务质量。

9.2 汽车租赁经营者宜制定和执行高于本标准的经营服务标准，并积极参与质量管理系列认证、环境管理系列认证等各类标准化活动。

附 录 A

（资料性附录）

北京市汽车租赁合同条款

A.1 出租方的权利

A.1.1 拥有租赁车辆所有权。

A.1.2 依合同向承租方计收租金及约定费用。

A.2 出租方的义务

A.2.1 向承租方交付技术状况为一级标准、设备齐全的租赁车辆，以及租赁车辆行驶所需的有效证件。

A.2.2 交接租赁车辆时如实提供车辆状况信息。

A.2.3 免费提供租赁车辆保养以及承租方按操作规程使用租赁车辆出现的故障维修服务。

A.2.4 提供本市行政区域内故障、事故的 24 小时救援服务。

A.2.5 承担不低于 80% 的因交通事故或盗抢造成的租赁车辆现值损失。

A.2.6 承担保险公司相关条款范围内的第三者责任险。

A.2.7 对所获得的承租方信息负有保密义务。

A.3 承租方的权利

A.3.1 按合同的约定拥有租赁车辆使用权。

A.3.2 有权获知保证安全驾驶所需的车辆技术状况及性能信息。

A.3.3　有权获得出租方为保障租赁车辆使用功能所提供的相应服务。

A.4　承租方的义务

A.4.1　如实向出租方提供驾驶本、身份证、户口本、营业执照等身份证明资料。

A.4.2　按合同约定交纳租金及其他费用。

A.4.3　按车辆性能、操作规程及相关法律、法规的规定使用租赁车辆。

A.4.4　妥善保管租赁车辆，维持车辆原状。未经出租方允许，不得擅自修理车辆，不得擅自改装、更换、增设他物。

A.4.5　协助出租方按规定期限对租赁车辆进行车检及维修保养。

A.4.6　承担不高于 20% 的因交通事故或盗抢造成的租赁车辆现值损失；承担因交通事故引发的其他责任。

A.4.7　保护出租方车辆所有权不受侵犯。不得转卖、抵押、质押、典当、转借、转租租赁车辆。

A.4.8　租赁车辆发生交通事故、被盗抢时，应立即向公安、交管等部门报案并在 12 小时内通知出租方，并协助出租方办理相关手续。

A.4.9　保证租赁车辆为合同登记的驾驶员驾驶。在租赁期内，如承租方登记的信息发生变化，应及时通知出租方。

A.4.10　租赁期满，应按时返还租赁车辆及有效证件。

A.5　租金、保证金

A.5.1　租金单位为元 / 年、元 / 季、元 / 月、元 / 天、元 / 小时。租金标准双方约定。

A.5.2　承租方用保证金提供担保的，保证金不得用于充抵租金，合同履行完毕后，保证金应退还承租方。双方经约定也可采取其他方式担保。

A.6　意外风险

A.6.1　双方约定的意外风险责任，出租方可向保险公司投保或以其他方式承担。对约定分担的意外风险未投保的，风险损失的计算、赔付，参照机动车辆保险条款及赔付程序进行。

A.6.2　政府政策重大变化、不可抗力以及其他无法归咎于承、租双方的原因造成的损失，依照有关法规和公平原则双方协商解决。

A.7 出租方的违约责任

出租方未能履行向承租方提供合同约定的车辆、服务等义务时，应承担下列违约责任：

A.7.1 经道路运输管理部门认可的专业检测机构认定租赁车辆达不到一级标准的，承租方有权解除合同，并要求出租方承担违约责任。

A.7.2 不能按约定提供故障维修、救援时，承租方有权解除合同，出租方应退还租赁车辆停驶期间租金并支付停驶期间租金20%的违约金。

A.7.3 维修、救援后租赁车辆仍无法恢复使用功能，出租方应提供相当档次替换车或采取其他措施。

A.7.4 因承租方原因造成车辆损坏的，出租方应严格依照汽车维修规定的标准收取修车费用。

A.8 承租方的违约责任

承租方不能按合同约定交纳费用、使用租赁车辆、保管租赁车辆、归还租赁车辆时，应承担下列违约责任：

A.8.1 逾期交纳租金的，每逾期一日按应交租金总额的 0.5% 交纳滞纳金。逾期归还租赁车辆的，除继续计收租金外，应交纳逾期应交租金 20% 的违约金。

A.8.2 提前解除合同归还租赁车辆的，应按未履行部分租期租金总额的 20% 向出租方支付违约金，已交纳租金的，出租方在扣除违约金后应将余款退还承租方。

A.8.3 承租方有下列行为的，出租方有权解除合同并收回租赁车辆：

——提供虚假信息。

——拖欠租金或其他费用。

——转卖、抵押、质押、转借、典当、转租租赁车辆或确有证据证明存在上述危险的。

——确有证据证明承租方利用租赁车辆从事违法犯罪活动的。

A.8.4 不按车辆性能或操作程序使用而造成的租赁车辆修理、停运损失；承担因过失被保险公司拒绝赔偿的损失。

A.8.5 擅自改装、更换、增设他物等改变租赁车辆原状造成的损失。

A.8.6　未协助出租方按时参加车检或维修保养而造成的损失。

A.8.7　非出租方原因导致车辆被第三方扣押的责任。

A.8.8　违反交通安全法规时，应在被告知的5日内接受处罚。如拒绝接受处罚，合同中登记的驾驶员将作为违章责任人被提交公安交通管理部门处理。

A.9　担保条款

如采用保证人提供担保的方式，保证人应就承租方履行本合同的义务负连带保证责任。

A.10　特别约定

承、租双方可对本合同内容以书面形式予以增加、细化作为补充条款，但不得违反有关法规及政策规定，不得违反公平原则。补充条款中含有不合理地减轻或免除本合同条款中规定应由出租方承担的责任内容的，仍以本合同为准。

A.10.1　承租方如要求延长租期，须在合同到期前提出续租申请，出租方有权决定是否续租。

A.10.2　本合同项下发生的争议，双方应协商或向北京市汽车租赁行业组织、各级消费者协会等部门申请调解解决；协商或调解解决未果的，可向有管辖权的人民法院提起诉讼或向双方选定的仲裁机构提请仲裁。

附　录　B

（资料性附录）

车辆租用告知书示范文本

B.1　车辆租用告知

B.1.1　感谢您租用本公司车辆。请您认真阅读租赁合同条款，充分了解租赁合同内容。

B.1.2　本公司向您提供的车辆（牌照号：_______________），行驶牌证齐全有效，技术状况良好，已在运输管理部门备案，已向保险公司投保机动车交通事故强制保险、_______________险和______________险。

B.1.3　您驾驶的车辆如果发生事故或运行故障，请及时拨打我公司的______________救援电话，以便我们及时组织救援并办理保险索赔。

B.1.4　为了使您的合法权益得到保障，您租用的车辆请由租赁合同中指定的驾车人驾驶，不要转借他人使用，不要擅自改装车辆或安装其他附属设施，不得利用该车辆非法从事运营活动。在租用车辆期间发生的交通违法行为，请您及时接受处罚，自行承担法律责任。

欢迎您对我们的服务进行监督并提出宝贵意见。我公司的监督投诉电话:______________。

B.2　安全驾驶须知

为了您和他人的交通安全，为了创建首都和谐交通秩序环境，维护首都文明城市形象，驾驶人应严格遵守交通法律法规，自觉规范交通行为:

B.2.1　出车前做好车辆安全状况检查，了解熟悉车辆性能、特点，确保车辆制动、转向、电路、轮胎、燃料、车容车况完好，警告标志、灭火器具等安全装置齐全有效，驾驶证、行驶证齐备。

B.2.2　文明驾驶、安全礼让，服从交通警察指挥，不开“斗气车”。严禁疲劳驾驶，连续驾驶机动车 4 小时应停车休息至少 20 分钟。严禁驾车时拨打接听手持电话。

B.2.3　遵守交通标志、标线，按交通限速标志、标线标明的速度行驶。行驶中保持适当车速，不超速行驶、强行超车。通过没有交通信号灯、交通标志、交通标线或者交通警察指挥的交叉路口时，应当减速慢行，并让行人和优先通行的车辆先行；行经山区公路，严禁超速行驶、强行超车、空挡滑行、疲劳驾车。

B.2.4　保持适当安全距离。当机动车时速超过 100 公里时，与同车道前车距离保持在 100 米以上，尤其要与大型客、货车辆保持适当的安全距离，以防前车紧急制动时发生追尾碰撞。

B.2.5　恶劣天气谨慎驾驶。遇雾、雨、雪、沙尘、冰雹等低能见度气象条件时，要开启雾灯、近光灯、示廓灯、前后位灯和危险报警闪光灯，并保持适当车速行驶。

B.2.6　切莫酒后驾车。酒后驾车是严重违法行为，酒后驾车极易发生交通事故。当您饮酒后要驾驶时，谨记您的家人正在时刻盼您平安归来，您的平安就是家庭的幸福。

B.2.7 当您驾车发生造成人员伤亡的交通事故时，请及时拨打 122 报警。

附 录 C

（资料性附录）

汽车租赁经营服务考评标准

表 C.1 汽车租赁经营服务考评表（一）

<table>
<tr><th colspan="2" rowspan="2">考评项目分类</th><th rowspan="2">具体项目 · 基本要求（150 分）</th><th colspan="2">基本考评分值</th></tr>
<tr><th>分值设定</th><th>评价分值</th></tr>
<tr><td colspan="2">经营主体（经营者）</td><td>向经营所在辖区（县）交通运输管理机构提供企业信息（含租赁车辆信息）</td><td>10</td><td>10</td></tr>
<tr><td rowspan="8">经营场所</td><td rowspan="5">营业门店</td><td>拥有固定的营业门店（租用的合同有效期限不少于 1 年）；营业门店地址与工商注册地址一致</td><td rowspan="8">39</td><td>5</td></tr>
<tr><td>门店文字标志与工商注册名称或字号一致；且设置中文和英文双语标志</td><td>5</td></tr>
<tr><td>营业门店设有接待服务、业务办理、车辆交接等功能区域</td><td>5</td></tr>
<tr><td>接待服务区域为承租人提供等候、咨询等便利服务；公示经营服务项目、价目和租车手续、服务承诺、监督投诉事项等</td><td>2</td></tr>
<tr><td>车辆交接区域至少具备 1 个停车位并具备车辆交接点验条件</td><td>2</td></tr>
<tr><td rowspan="2">停车场</td><td>自有自用和整体租用的停车场（库），使用面积满足 30% 以上租赁车辆的停放需求；（租用的合同有效期限不少于 1 年）</td><td>10</td></tr>
<tr><td>停车场（库），符合《北京市机动车和机动车停车场停车库防火安全管理规定》的规定和要求；有岗位职责明确的安全生产规章制度</td><td>5</td></tr>
<tr><td>维修场所</td><td>自有维修场所，符合汽车维修行业管理的规定和标准；有岗位职责明确的安全生产规章制度</td><td>5</td></tr>
</table>

续表

<table>
<tr><th colspan="2" rowspan="2">考评项目分类</th><th rowspan="2">具体项目·基本要求（150分）</th><th colspan="2">基本考评分值</th></tr>
<tr><th>分值设定</th><th>评价分值</th></tr>
<tr><td colspan="2">计算机设备</td><td>配置计算机设备及经营管理软件；经营管理软件具备车辆、客户、合同、租金、统计等管理功能</td><td>5</td><td>5</td></tr>
<tr><td rowspan="4">租赁车辆</td><td>车辆牌证</td><td>取得本市机动车行驶证和机动车号牌。机动车行驶证的车主名称与持证的汽车租赁经营者工商注册名称一致</td><td rowspan="4">19</td><td>10</td></tr>
<tr><td rowspan="2">车辆维护</td><td>按GB/T 18344—2001的规定及原车使用说明书规定，定程（定时）进行日常维护、一级维护、二级维护</td><td>2</td></tr>
<tr><td>自行实施部分技术维护项目的，由持有相应职业资格证书的人员进行操作和检验；并制作项目作业和项目检验单（表），履行记录和签字手续</td><td>2</td></tr>
<tr><td>车辆整备</td><td>租赁车辆经过一个租用合同期后，进行车辆整备并制作项目作业和项目检验单（表），履行记录和签字手续；车辆整备中的技术项目，由持有相应职业资格证书的人员进行操作、检验。</td><td>5</td></tr>
<tr><td rowspan="8">租赁服务</td><td rowspan="3">接待服务</td><td>接待服务员工经过岗位培训，仪表端庄整洁，文明礼貌待客</td><td rowspan="8">25</td><td>2</td></tr>
<tr><td>向顾客介绍经营服务项目、价目和租赁手续，提供相关资料</td><td>2</td></tr>
<tr><td>涉外服务遵循涉外礼仪，提供外语服务</td><td>2</td></tr>
<tr><td>承租人身份核实</td><td>对承租人、担保人进行身份核实和登记</td><td>2</td></tr>
<tr><td rowspan="2">合同与告知</td><td>租赁合同使用《北京市汽车租赁合同》统一示范文本</td><td>8</td></tr>
<tr><td>向承租人提供《车辆租用告知书》；《车辆租用告知书》使用示范文本，租赁双方签字（签章）</td><td>5</td></tr>
<tr><td>租金和保证金</td><td>按合同约定收取租金、保证金及其他费用，开具正式发票</td><td>2</td></tr>
<tr><td>发车交接</td><td>租出的车辆点验手续完备，有交接记录和双方签字的车辆交接单</td><td>2</td></tr>
</table>

续表

<table>
<tr><th colspan="2" rowspan="2">考评项目分类</th><th colspan="2" rowspan="2">具体项目·基本要求（150 分）</th><th colspan="2">基本考评分值</th></tr>
<tr><th>分值设定</th><th>评价分值</th></tr>
<tr><td rowspan="10">租赁服务</td><td rowspan="4">救援服务</td><td rowspan="2">有救援服务预案和措施</td><td>按租赁车辆总数 1% 预留救援替换车辆；救援车配备 2 名以上救援服务人员；车辆备有易损配件、易耗油品、便携机具和通信、照明等应急用品，并有序就位或委托专业救援单位或汽车维修企业进行救援服务，订有委托合同（协议），委托救援事项符合救援服务的有关要求</td><td rowspan="5">21</td><td>10</td></tr>
<tr><td>设置救援服务电话，保证 24 小时有人值守</td><td>5</td></tr>
<tr><td rowspan="2">根据救援需求和救援预案实施救援</td><td>事发地点在本市五环路以内或单程 20 公里以内的，2 小时内到达</td><td>2</td></tr>
<tr><td>超过上述范围及行程的，向承租人预告到达时间，或者采取其他便捷的救助措施</td><td>2</td></tr>
<tr><td>在租车辆召回</td><td colspan="2">在租车辆达到规定的里程或时限需要技术维护时，及时召回进行维护，或委托承租人到指定维修企业进行维护</td><td>2</td></tr>
<tr><td rowspan="2">服务监督</td><td colspan="2">在随车的服务监督卡上公示服务监督、投诉电话号码或互联网址，接受承租人的意见和投诉</td><td rowspan="5">11</td><td>5</td></tr>
<tr><td colspan="2">对承租人的投诉意见有详细记录，1 周内予以回复</td><td>2</td></tr>
<tr><td rowspan="2">收车交接</td><td colspan="2">有双方签字的车辆交接点验单</td><td>1</td></tr>
<tr><td colspan="2">及时将车辆租用期间的有关情况记入单车管理档案，同时将有关数据信息录入车辆租赁管理、车辆运行管理等数据库</td><td>1</td></tr>
<tr><td>结算</td><td colspan="2">租赁车辆归还后，及时进行费用结算，完整保存费用结算单据</td><td>2</td></tr>
<tr><td rowspan="3">信息管理</td><td rowspan="3">车辆信息</td><td rowspan="2">建立租赁车辆单车管理档案</td><td>有车辆购置、赋税、入籍、保险、备案、转籍、注销等原始凭据；</td><td rowspan="3">12</td><td>2</td></tr>
<tr><td>有车辆行驶里程以及维护、修理、换件、检测、整备等情况资料</td><td>2</td></tr>
<tr><td colspan="2">依托经营管理软件，完备租赁车辆管理数据信息，包括车辆牌证管理、车辆技术管理、车辆租赁管理、车辆运行管理及其他动态管理的数据信息</td><td>2</td></tr>
</table>

续表

考评项目分类		具体项目·基本要求（150分）	基本考评分值	
			分值设定	评价分值
信息管理	承租人信息	完整保存承租人、担保人身份核实的有关资料；并依托经营管理软件，完备承租人身份信息、信用信息及其他数据信息	12	2
	合同信息	完整保存租赁合同及附件资料；并依托经营管理软件，完备租赁合同签订、履行、变更、终止、续签等数据信息		2
	核算信息	完整保存费用结算单据；依托经营管理软件，完备月度、季度、年度经营核算数据信息；按规定上报		2
经营服务评价		参与行业经营服务考评活动	8	5
		及时收集和分析承租人对经营服务质量的反馈意见，建立经营服务自我考评机制，不断改进、完善、提高经营服务质量		3

表 C.2 汽车租赁经营服务考评表（二）

具体项目·鼓励引导要求（50分）	考评加分分值	
	分值设定	评价分值
* 创立服务品牌，注册或使用服务商标	5	
* 使用品牌标志或商标	3	
* 2个以上营业门店实行联网经营服务，开展预约租车、异地租（还）车业务	5	
* 使用行业通用的经营管理软件	5	
* 办理第三者责任险	2	
* 办理车辆损失险、全车盗抢险及其他险种	2	
* 配置使用GPS系统或行车记录仪等设备	5	
* 接待员工统一着装，佩戴服务标牌	5	
* 涉外服务备有英文查询资料	5	
* 制定和执行高于地方标准的经营服务标准	3	
* 积极参与质量管理系列认证、环境管理系列认证等各类标准化活动	10	

注：考评结果满分为200分。180分以上为优秀；160～179分为良好；120～159分为达标；120分以下为不达标。

“分值设定”中分项分值宜根据考核重点适度调节。

北京市汽车租赁合同示范文本

本条款根据《中华人民共和国合同法》、《北京市汽车租赁管理办法》等有关法律、法规、规章制订。

第一条　出租人的权利

1. 拥有租赁车辆所有权。

2. 依照合同向承租人计收租金及约定费用。

第二条　出租人的义务

1. 向承租人交付技术状况为《营运车辆技术等级划分和评定要求》（JT/T 198—2004）规定的一级标准、设备齐全的租赁车辆，以及租赁车辆行驶所需的有效证件。

2. 交接租赁车辆时如实提供车辆状况信息。

3. 免费提供租赁车辆维护以及合理使用过程中出现的故障维修服务。

4. 提供本市行政区域内故障、事故的 24 小时救援服务。

5. 承担不低于 80% 的因交通事故或盗抢造成的租赁车辆车价损失；承担不低于 5 万元的第三者责任意外风险。

6. 对所获得的承租人信息负有保密义务。

第三条　承租人的权利

1. 按租赁合同的约定拥有租赁车辆使用权。

2. 有权获知保证安全驾驶所需的车辆技术状况及性能信息。

3. 有权获得出租人为保障租赁车辆使用功能所提供的相应服务。

第四条　承租人的义务

1. 如实向出租人提供驾驶证、身份证、户口本、营业执照等身份证明资料。

2. 按合同约定交纳租金及其他费用。

3. 按车辆性能、操作规程及相关法律、法规的规定使用租赁车辆。

4. 妥善保管租赁车辆，维持车辆原状。未经出租人允许，不得擅自修理车辆，不得擅自改善、更换、增设他物。

5. 承担不高于 20% 的因交通事故或盗抢造成的租赁车辆车价损失；承担因交通事故引发的其他责任；承担保险条款规定赔付范围、合同约定或法律法规规定应由出租人承担之外的其他经济损失。

6. 保护出租人车辆所有权不受侵犯。不得转卖、抵押、质押、转借租赁车辆；未经出租人允许和相关管理部门批准，不得转租租赁车辆。

7. 租赁车辆发生交通事故、被盗抢时，应立即向公安、交管等部门报案并在 12 小时内通知出租人，协助出租人办理相关手续。

8. 保证租赁车辆为合同登记的驾驶员驾驶。在租赁期内，如承租人登记的信息发生变化，应及时通知出租人。

9. 租赁期满，应按时返还租赁车辆及有效证件。

第五条　租金、保证金

1. 租金单位为元 / 年、元 / 季、元 / 月、元 / 天、元 / 小时。租金标准双方约定。

2. 承租人用保证金提供担保的，保证金不得用于充抵租金，合同履行完毕后，保证金应退还承租人。承租双方经约定也可采取其他方式担保。

第六条　意外风险

1. 双方约定的意外风险责任，出租人可向保险公司投保或以其他方式承担。对约定分担的意外风险未投保的，风险损失的计算、赔付，参照机动车辆保险条款及赔付程序进行。

2. 政府政策重大变化、不可抗力以及无法归究责任造成的损失，依照有关法规和公平原则双方协商解决。

第七条　出租人的违约责任

出租人未能履行向承租人提供合同约定的车辆、服务等义务时，应承担下列违约责任：

1. 提供的租赁车辆不符合一级标准的，应予以更换；车辆危及承租人人身安全的，承租人有权解除合同。

2. 不能按约定提供故障维修、救援时，承租人有权解除合同，出租人应退还租赁车辆停驶期间租金并支付停驶期间租金 20% 的违约金。

3. 维修、救援后租赁车辆仍无法恢复使用功能，出租人应提供相当档次替换车或其他救济措施。

4. 出租人原因导致车辆技术故障的，应承担由此给承租人造成的直接损失。

第八条　承租人的违约责任

承租人不能按合同约定交纳费用、使用租赁车辆、保管租赁车辆、归还租赁车辆时，应承担下列违约责任：

1. 逾期交纳租金的，每逾期一日按应交租金总额的 0.5% 交纳滞纳金。逾期归还租赁车辆的，除继续计收租金外，应交纳逾期应交租金 20% 的违约金。

2. 承租人有下列行为的，出租人有权解除合同并收回租赁车辆：

（1）提供虚假信息；

（2）租赁车辆被转卖、抵押、质押、转借、转租或确有证据证明存在上述危险；

（3）拖欠租金或其他费用。

3. 承担不按车辆性能或操作程序使用而造成的租赁车辆修理、停驶损失；承担因过失被保险公司拒绝赔偿的损失。

4. 承担擅自改善、更换、增设他物等改变租赁车辆原状造成的损失。

5. 承担非出租人原因导致车辆被第三方扣押的责任。

6. 违反交通安全法规时，应在被告知的 5 日内接受处罚。如拒绝接受处罚，合同中登记的驾驶员将作为违法责任人被提交公安交通管理部门处理。

第九条　担保条款

如采用保证人提供担保的方式，保证人应就承租人履行本合同的义务负连带保证责任。

第十条　特别约定

承租双方可对本合同通用条款内容以书面形式予以增加、细化，但不得违反有关法规及政策规定，不得违反公平原则。另行约定中含有不合理地减轻或免除通用条款规定应由出租人承担的责任内容的，仍以通用条款为准。

第十一条　其他

1.“专用条款”、“汽车租赁登记表（见附表 1）”、“车辆交接单”（见附表 2）作为“通用条款”的附件，共同构成《北京市汽车租赁合同》。

2. 承租人如要求延长租期，须在合同到期前提出续租申请，出租人有权决定是否续租。

3. 本合同项下发生的争议，双方应协商或向北京出租汽车暨汽车租赁协会、各级消费者协会等部门申请调解解决；协商或调解解决不成的，可向有管辖权的人民法院提起诉讼或向双方选定的仲裁机构提起仲裁。

汽车租赁合同登记表　　附表 1

合同号：

承租人			
住址 / 地址			
电话		证件种类号码	
担保人			

续表

住址 / 地址					
电话			证件种类号码		
驾驶员	档案号	驾驶证号		电话	
车牌号	车型	颜色	发动机号	车架号	燃料标号
起租时间		终租时间		租期	限驶里程
租金标准	超程费	超时费	保证金	预付租金	下次付款日
合同变更记录					
出租人： 经办人： 日期：			承租人： 经办人： 日期：		

车辆交接单 附表 2

车号			车型			颜色		
检验项目	发	收	检验项目	发	收	检验项目	发	收
行车执照			防盗 / 报警			点烟器		
养路费			灭火器			烟灰缸		
年检证			座套			备胎		
税讫证			脚垫			随车工具		

图例说明：
1：完好√
2：缺少 ×
3：划伤 -
4：裂陷 /
5：凹陷○
6：脱落△
7：其他？

续表

车号			车型			颜色		
区域	发	收	区域	发	收	区域	发	收
区域 1			区域 2			区域 3		
区域 4			区域 5			区域 6		
区域 7			区域 8			区域 9		
区域 10			区域 11			区域 12		
区域 13			区域 14			区域 15		
车辆交接状况：								
燃油标号				发 / 收车油量记录		/		
起 / 始公里数	/			下次维护公里数				
发车员 / 时间	/			接车人 / 时间		/		
交车人 / 时间	/			收车员 / 时间		/		

注：2009 年，燃油税费改革后，表中“养路费”一栏不再填写。

西安市汽车租赁业管理办法

（2008年西安市人民政府令第79号）

第一条 为加强汽车租赁业管理，保护汽车租赁业经营人（以下简称租赁经营人）和使用租赁汽车的承租人（以下简称承租人）的合法权益，促进汽车租赁业的健康发展，根据国家有关法律法规，结合本市实际，制定本办法。

第二条 汽车租赁是指在约定时间内租赁经营人将租赁汽车交付承租人使用，收取租赁费用，不提供驾驶劳务的经营方式。

第三条 本办法适用于本市行政区域内除公共汽车、出租汽车客运以外的各类客车、货车、特种汽车和其他机动车辆的租赁经营活动。

第四条 市交通行政管理部门是本市汽车租赁业的主管部门，其所属的道路运输管理机构具体实施汽车租赁业的管理工作。

第五条 从事汽车租赁经营，应符合下列条件：

（一）配备汽车不少于20辆，且汽车车辆价值不少于200万元。租赁汽车应是新车或达到一级技术等级的在用车，并且有齐全有效的车辆行驶证件；

（二）须有不少于租赁汽车价值5%的流动资金；

（三）有固定的经营和办公场所；

（四）有经营机构和相应的管理人员、专业技术人员；

（五）具有法人资格。

第六条 从事汽车租赁经营，经营者应当依照《中华人民共和国道路运输条例》的规定取得《道路运输经营许可证》并办理工商登记，在许可的经营范围内从事经营活动。

第七条 租赁经营人应使用统一的汽车租赁专用票据，按物价部门核定的收费标准计收费用。

第八条 租赁汽车车主必须与汽车租赁经营人名称相一致。凡不是租赁经营人所有车辆、未办理汽车租赁业合法经营手续的车辆，均不得租赁。

第九条 禁止在租赁汽车上喷印租赁营运字样和设置汽车租赁营运标志。

第十条 汽车租赁应当由租赁经营人和承租人签订租赁合同。合同应包括以下主要内容：

（一）车辆类型、数量、技术状况；

（二）计费标准；

（三）履行方式、履行期限；

（四）双方的权利和义务；

（五）违约责任；

（六）争议解决方式；

（七）双方认为需要明确的其他事项。

第十一条 承租人租赁汽车，必须出具能够证明单位或个人身份的有效证件和一定数量的保证金，必要时须有可靠单位给予经济担保。

第十二条 租赁经营人应按国家规定交纳各项税费，进行年度审验，报送营运情况统计报表。

第十三条 承租人应当遵守以下规定：

（一）遵守法律、法规、规章及有关规定；

（二）不得转包；

（三）不得利用租赁车辆进行违法犯罪活动。

第十四条 有下列行为之一的，由道路运输管理机构视其情节给予相应的处罚：

（一）违反本办法第六条规定，未经批准擅自经营的，责令停止经营；有违法所得的，没收违法所得，处违法所得2倍以上10倍以下的罚款；没收违法所得或者违法所得不足2万元的，处3万元以上10万元以下的罚款。

（二）违反本办法第七条规定的，责令其限期改正，并处500元以下罚款。

（三）租赁经营人违反本办法第八条、第九条规定的，给予警告，责令限期改正，并可处以500元以上2000元以下的罚款。

第十五条 当事人对行政处罚决定不服的，可依照行政复议条例和行政诉讼法的规定，申请复议或提起行政诉讼。

第十六条 交通行政管理部门及其执法人员，应加强汽车租赁业管理，严格执法。玩忽职守，滥用职权，徇私舞弊的，由其所在单位或者上级主管部门给予行政处分；构成犯罪的，依法追究刑事责任。

第十七条 本办法自公布之日起施行。

昆明市汽车租赁管理办法

（2010年昆明市人民政府令第95号）

第一条 为加强汽车租赁管理，规范汽车租赁行为，维护汽车租赁经营者和承租人的合法权益，促进汽车租赁业的健康发展，根据《中华人民共和国道路运输条例》、《云南省道路运输条例》和有关法律、法规，结合本市实际，制定本办法。

第二条 本市行政区域内从事汽车租赁的经营者和承租人，应当遵守本办法。

本办法所称汽车租赁，是指经营者按照汽车租赁合同的约定，将汽车交付承租人使用，收取租赁费用，不提供驾驶劳务的经营活动。

第三条 市交通行政主管部门负责组织领导汽车租赁管理工作，道路运输管理机构负责具体实施汽车租赁的管理工作。

公安、工商等行政管理部门依据各自职责，依法对汽车租赁活动实施监督管理。

第四条 经营者应当依法经营，优质服务，诚实守信，公平竞争。

鼓励经营者实行规模化、集约化、公司化经营。

鼓励汽车租赁行业经营者实行行业自律。

第五条 本市汽车租赁实行备案制度。

从事汽车租赁经营的经营者应当自取得工商营业执照之日起15日内向所在地道路运输管理机构备案。备案时提交下列材料：

（一）备案表；

（二）工商营业执照、组织机构代码证；

（三）法定代表人或者负责人身份证明；

（四）经营场所使用证明；

（五）经营组织机构、安全管理制度、业务操作规程和应急预案文本；

（六）车辆登记证书和行驶证，且租赁车辆所有权人与经营者名称相符；

（七）车辆技术等级评定检测报告；其中，9座以下车辆技术等级为二级以上，9座（含）以上车辆技术等级为一级。

第六条 道路运输管理机构收到备案材料后，应当当场为备案材料齐全的经营者发放经营备案证，为其备案车辆发放租赁汽车证。

第七条 经营者变更法定代表人、名称、地址、增设分支机构，或者车辆变动的，应当自办理工商变更登记或者车辆变动之日起15日内向原备案的道路运输管理机构备案。

经营者终止经营的，应当在办理工商营业执照注销前向原备案的道路运输管理机构办理终止经营手续，交回经营备案证及租赁汽车证。

第八条 经营者应当为租赁车辆办理相应的保险险种，且保持租赁车辆技术状况完好，每年进行一次技术等级评定。每120天进行一次二级维护，并检测合格。

第九条 经营者应当在经营场所明显位置公示租车手续办理流程、用户须知和租车收费标准。

第十条 经营者在出租车辆时，应当核对并如实登记承租人的机动车驾驶证、居民身份证和其他有效证件。经营者对承租人的相关信息负有保密责任。

第十一条 承租人应当对车辆租赁期间因其过错发生的交通违章、交通责任事故以及其他因承租人行为造成租赁车辆被扣押等后果承担责任。

法律、法规另有规定的，从其规定。

第十二条 经营者和承租人不得使用租赁车辆从事经营性客、货运输或者变相招揽乘客。

经营者不得在租车的同时向承租人提供驾驶劳务。

第十三条 经营者应当与承租人签订汽车租赁合同，签订租赁合同时应当明确双方的权利义务和违约责任。

第十四条 道路运输管理机构应当建立经营者信息档案、车辆状况信息档案，向社会公示经备案的经营者和车辆等相关信息。

第十五条 道路运输管理机构对经营者实行质量信誉考核制度，建立经营者的诚信档案，对不守信用的经营者实行黑名单制度。除涉及国家秘密、商业秘密和个人隐私以外的信息应当依法向社会公开。

第十六条 道路运输管理机构应当加强对汽车租赁经营活动的监督检查。实施监督检查时，有权向有关单位和个人了解情况，查阅、复制有关资料。但应当保守被调查单位和个人的商业秘密。

有关单位和个人应当接受依法实施的监督检查，如实提供有关资料或者情况。

第十七条 经营者不按照本办法的规定备案，未取得经营备案证或者租赁汽车证的，由道路运输管理机构责令限期改正，逾期不改正的，处以1000元以上3000元以下罚款；有违法所得的，没收违法所得。

第十八条 违反本办法规定，经营者有下列情形之一的，由道路运输管理机构责令限期改正，逾期不改正的，处以500元以上1000元以下罚款：

（一）未在经营场所明显位置公示租车手续办理流程、用户须知和租车收费标准的；

（二）出租车辆时，未核对并如实登记承租人的机动车驾驶证、居民身份证和其他有效证件的。

第十九条 违反本办法规定，经营者未按照规定对租赁车辆进行技术等级评定，二级维护和检测的，由道路运输管理机构责令限期改正，并处每辆（次）1000元以上5000元以下罚款。

违反前款规定，经营者一年内累计三次以上（含三次）不按照道路运输管理机构要求限期改正的，或者在经营中出现重大以上责任事故的，由道路运输管理机构及时函告工商行政管理部门，由工商行政管理部门根据相关法律法规的规定责令其限期办理工商变更或者注消登记，逾期不办理的，吊销其营业执照。

第二十条 道路运输管理机构的工作人员违反本办法，有下列情形之一的，依法给予处分；构成犯罪的，依法追究刑事责任：

（一）不依照本办法规定的条件、程序和期限备案的；

（二）索取、收受他人财物或者谋取其他利益的；

（三）有其他违法行为的。

第二十一条 本办法自2010年4月1日起施行。1997年昆明市人民政府颁布实施的《昆明市汽车租赁业管理试行办法》同时废止。

大连市汽车租赁管理规定

（2010 年大连市人民政府令第 109 号）

第一条 为规范汽车租赁行为，保护汽车租赁经营者和承租人的合法权益，促进汽车租赁业健康发展，根据国家有关法律、法规，结合本市实际，制定本规定。

第二条 本规定所称汽车租赁，是指汽车租赁经营者将客车、货车、特种车或者其他机动车辆交付承租人使用，承租人支付租金的道路运输服务方式。

第三条 大连市行政区域内的汽车租赁及其相关活动，适用本规定。

第四条 大连市交通行政主管部门是本市汽车租赁的行政主管部门，其所属的道路运输管理机构负责全市汽车租赁的日常管理工作，并对中山区、西岗区、沙河口区的汽车租赁履行具体的监督管理职责。

其他区和县（市）交通行政主管部门是本行政区域内汽车租赁的行政主管部门，其所属的道路运输管理机构履行具体的监督管理职责。

大连经济技术开发区管理委员会等市政府派出机构，负责管理范围内的汽车租赁管理工作。

市及县（市）区人民政府有关部门，按照各自职责，负责与汽车租赁管理有关的工作。

第五条 本市对汽车租赁业实行统一管理、有序开放、公平竞争的原则，促进汽车租赁业规模化、集约化、信息化经营，鼓励使用混合动力汽车、纯电动汽车等新能源汽车。

第六条 汽车租赁企业应当依法设立，并取得所在地道路运输管理机构为所投入出租的车辆配发的车辆营运证。

从事汽车租赁中介的机构或者其他组织应当依法设立，并到所在地道路运输管理机构办理备案手续，其中从事个人非经营车辆有偿用于婚礼服务中介的，还应当取得道路运输管理机构为所中介的车辆配发的专用标志牌。

第七条 汽车租赁经营者应当遵守下列规定：

（一）按照国家规定定期对车辆进行维护并接受综合性能检测；

（二）建立健全车辆技术档案；

（三）执行国家价格管理的有关规定，对租金明码标价；

（四）按照规定报送统计报表，并配合道路运输管理机构建立完善汽车租赁业信息管理系统。

第八条 汽车租赁经营者不得有下列行为：

（一）伪造、变造、出租、转让汽车租赁经营手续；

（二）将未取得营运证的车辆交付承租人使用；

（三）利用租赁车辆从事道路运输经营；

（四）法律、法规、规章禁止的其他行为。

第九条 汽车租赁经营者出租汽车，应当与承租人签订汽车租赁合同；个人非经营车辆有偿用于婚礼服务的，应当经从事汽车租赁的中介机构或者其他组织统一组织，领取专用标志牌，并由组织者与承租人签订汽车租赁合同。

汽车租赁合同的示范文本，由市工商、交通行政管理部门统一制定。

第十条 汽车租赁经营者出租汽车，应当向承租人告知车辆技术状况、车辆保险的投保情况、随车携带的相关证件、救援服务等内容。

第十一条 汽车承租人应当遵守下列规定：

（一）随车携带承租车辆的相关证件；

（二）不得利用承租车辆从事违法犯罪活动，或者将承租车辆进行抵押、变卖；

（三）利用承租车辆从事道路运输经营，依法向道路运输管理机构申请办理道路运输经营许可证；

（四）承租车辆专门用于接送学生、幼儿的，应当经县级以上教育主管部门和公安机关交通管理部门确认，粘贴由省公安机关交通管理部门和教育主管部门制定的统一标识。

第十二条 除婚礼汽车租赁服务可以提供驾驶劳务外，其他汽车租赁服务不得提供驾驶劳务。

专门为婚礼汽车租赁服务提供驾驶劳务的人员，应当依法取得相应的从业资格。

第十三条 个人非经营车辆有偿用于婚礼服务的，驾驶人应当在驾驶室挡风玻璃右下侧放置专用标志牌。

第十四条 道路运输管理机构应当建立投诉、举报处理制度，公开投诉、举报电话号码、通讯地址和电子邮件信箱。接到投诉、举报后，应当在七个工作日内答复投诉人或者举报人。

第十五条 道路运输管理机构应当按年度对汽车租赁经营者、中介机构和其他组织的经营行为、安全生产、服务质量等内容进行综合考核，考核结果应当向社会公布。

第十六条 违反本规定的行为，依照《中华人民共和国道路运输条例》和《辽宁省道路运输管理条例》的规定处罚；《中华人民共和国道路运输条例》和《辽宁省道路运输管理条例》没有规定的，由道路运输管理机构责令改正，并可按照下列规定处以罚款：

（一）违反本规定第七条第（一）项、第八条第（一）项、第八条第（二）项规定的，处一千元以上五千元以下罚款；

（二）违反本规定第七条第（二）项、第九条第一款，以及违反第七条第（四）项规定未按照规定报送统计报表的，处一百元以上一千元以下的罚款；

（三）违反本规定第十一条第（一）项、第十三条规定的，处二百元以上五百元以下的罚款；

（四）违反本规定第十二条规定的，处二百元以上二千元以下的罚款。

第十七条 违反本规定，涉及其他行政管理部门权限的，由有关行政管理部门依法处理。

第十八条 道路运输管理机构有下列行为之一的，由主管部门责令改正，给予通报批评；对直接负责的主管人员和其他直接责任人员依法给予处分：

（一）未依法为汽车租赁企业投入出租的车辆配发营运证或者未依法为汽车租赁中介机构和其他组织所中介的车辆配发专用标志牌的；

（二）未建立投诉、举报处理制度，未公开投诉、举报电话、通讯地址和电子邮件信箱，以及未及时答复投诉、举报的；

（三）未按期对汽车租赁经营者、中介机构和其他组织的经营行为、安全生产、服务质量等内容进行综合考核，以及未将考核结果向社会公布的；

（四）其他玩忽职守、滥用职权、徇私舞弊行为。

第十九条 本规定自 2010 年 10 月 1 日起施行。

参考文献

[1] 2009 Rental Car Satisfaction Study [J/OL] .http://www.jdpower.com.

[2] A·帕拉苏拉曼，德鲁弗·格留沃，等.市场调研[M].北京：中国市场出版社，2009.

[3] Adam Minter.Foreign agencies drive into auto rentalmarket [J] .China International Business，2003 (9) : 28–29.

[4] EviseK.Revenue Management in the Car Rental Industry [D] . London，Canada:University of Western Ontario，2005.

[5] Fink A， Reiners T.Modeling and Solving the Short–Term Car Rental LogisticsProblem [J] .Transportation Research Part E:Logistics and Transportation Review，2006，42 (4) :272–292.

[6] Julian E P，Eleftherios I， Chi I， et al.Vehicle Fleet Planning in the Car Rental Industry [J] .Journal of Revenue and Pricing Management，2006，5 (3) : 221–236.

[7] Julian E P.Strategic and Tactical Fleet Planning for the Car Rental Industry [D] .Coral Gables，USA:University of Miami，2000.

[8] Rental Revenue and U.S.Car Rental Market [J/OL] .http://www.autorentalnews.com.

[9] Zhu J S.Using Turndowns to Estimate the Latent Demand in a Car RentalUnconstrained Demand Forecast [J] .Journal of Revenue and Pricing Management，2006，4 (4) :344–353.

[10] 陈亮，樊李方.中国汽车租赁业现状与发展实证研究[J].华东经济管理，2004，4：139–142.

[11] 戴江月.汽车检测站网点布局优化研究[D].长春：吉林大学硕士论文，2010.

[12] 邓清燕，刘建东.汽车租赁企业运营决策分析的信息化解决方案[J].

北京工商大学学报（自然科学版），2005，23（3）.
[13] 董洁霜.基于交通可达性的区域商业网点布局规划研究[J].商场现代，2007（10）：76-77.
[14] 杜平,张学昌.汽车融资租赁和汽车消费信贷比较分析[J].上海汽车，2004（1）.
[15] 冯瑞林.汽车租赁业六大问题及解决办法[J].中国物流与采购，2006（6）: 18-19.
[16] 冯文权.经济预测与决策技术[M].武汉：武汉大学出版社，1994.
[17] 谷增军.浅谈我国汽车租赁风险控制模式的构建[J].交通企业管理，2007（5）.
[18] 关子.巴西、日本、韩国汽车租赁的考察报告[J].汽车与社会，2005（6）.
[19] 郭基元.汽车租赁经营与管理[M].北京：人民交通出版社，2000.
[20] 何忱予，顾方.汽车金融服务[M].北京：机械工业出版社，2006.
[21] 何楠.汽车租赁呼唤网络化[J].汽车维修，2000，（8）：7.
[22] 胡滨.市场调查在国内企业营销中的应用研究[D].武汉：武汉理工大学硕士论文，2005.
[23] 胡大伟.公路运输枢纽规划[M].北京：人民交通出版社，2008.
[24] 黄平.汽车后市场发展策略及汽车价值链延伸相关研究[D].南京：南京林业大学硕士论文，2007.
[25] 恢光平，王曰芬，王宏涛.电子商务是我国汽车租赁企业发展的必然选择[J].经济师，2002，（9）：60-62.
[26] 蒋红兰.北京安吉汽车租赁公司竞争战略研究[D].成都：西南交通大学硕士论文，2008.
[27] 李波.快递企业服务网络布局优化研究[D].北京：北京交通大学硕士论文，2010.

[28] 李桂君，赵德海．城市大型零售商业网点布局模型与反问题求解[J]．商业研究，2002（10）：100-101.
[29] 李晋．促进我国汽车产业发展的金融服务制度研究[D]．合肥：合肥工业大学硕士论文，2008.
[30] 李景泰．市场学[M]．天津：南开大学出版社，2005.
[31] 李凯昕．汽车租赁管理信息系统的设计与实现[J]．佳木斯大学学报（自然科学版），2003，21（2）：141-144.
[32] 李立全．成立中外合资汽车租赁企业的可行性研究[D]．北京：对外经济贸易大学硕士论文，2007.
[33] 李明．汽车租赁企业供应链的质量管理监控体系研究[D]．上海：同济大学，2008.
[34] 李永芳．影响我国汽车租赁业发展因素分析[J]．技术与市场，2009，（7）：44-46.
[35] 李禹生．管理信息系统[M]．北京：中国水利水电出版社，2004.
[36] 李忠东．发达的美国二手车市场[J]．上海汽车，2005，（9）：44-45.
[37] 梁东．上海汽车租赁行业发展战略研究[D]．上海：复旦大学，2007.
[38] 梁喜，熊中楷．汽车制造商与租赁服务提供商的回购合同[J]．工业工程，2008，（04）.
[39] 梁喜，熊中楷．汽车租赁供应链中汽车制造商的回购定价策略[J]．工业工程与管理，2009，（1）：47-52.
[40] 廖镇．铁路客运市场调查理论及应用研究[D]．北京：北京交通大学硕士论文，2006.
[41] 刘海涛．快递企业城市网点布局与优化研究[D]．北京：北京交通大学硕士论文，2007.
[42] 卢晓珊．设施选址问题的数学模型和优化算法研究[D]．北京：北京化工大学硕士论文，2009.
[43] 吕春成．我国大中城市商业网点布局模式探究[J]．商业时代，

2004，（23）：6-7.

［44］尚家尧．管理信息系统分析与设计［M］．广州：广东人民出版社，2002.

［45］史燕平．融资租赁原理与实务［M］．北京：对外经济贸易大学出版社，2005.

［46］谭秋桂．租赁合同、融资租赁合同实务指南［M］．北京：知识产权出版社，2003.

［47］汪冠群，金丹．我国汽车业融资租赁发展策略分析［J］．时代经贸，2006，（12）：34-35.

［48］王非，徐渝，李毅学．离散设施选址问题研究综述［J］．运筹与管理，2006，15（5）：64-69.

［49］王光杰．发展我国汽车租赁业的几点思考［J］．上海汽车，2004，（12）：21-23.

［50］王家远，叶银川．主成分分析法评价地区建筑业竞争力［J］．深圳大学学报，2009，（1）：92-97.

［51］王林．邮政服务网点设置标准的研究思路和方法［J］．现代邮政，2006，（11）：16-17.

［52］王新生，余瑞林，姜友华．基于道路网络的商业网点市场域分析［J］．地理研究，2008，（1）：85-92.

［53］王亚俊，苏丕利．汽车租赁的五大优势［J］．交通与运输，2004，（6）：18-19.

［54］王云．铁路集装箱运输企业经营网点布局研究［D］．北京：北京交通大学硕士论文，2009.

［55］王再祥，贯永轩．汽车消费信贷［M］．北京：机械工业出版社，2006.

［56］韦福祥．服务质量评价与管理［M］．北京：人民邮电出版社，2005.

［57］翁坚超．汽车租赁业立法建议［J］．交通建设与管理，2010，（11）：74-75.

[58] 吴椒军，李晋．我国汽车租赁业风险防范及分析[J]．交通企业管理，2008，（1）.

[59] 项金发．论汽车融资租赁的几个法律问题［J］．湖南省政法管理干部学院学报，2002，（5）.

[60] 肖文莉，周蓉，王昊．租车行业收益管理研究现状及前景展望［J］．物流科技，2007，（01）.

[61] 谢东晓．商业功能与交通功能间的区位关系[J]．城市问题，1993，(2).

[62] 严华．H汽车租赁公司上海市场的营销策略研究［D］．兰州：兰州大学，2009.

[63] 岳超源．决策理论与方法［M］．北京：科学出版社，2003.

[64] 张洪斌，聂玉超．中国快递企业的网络系统分析［J］．物流技术，2009，（9）：35-37.

[65] 张兰．快递企业网点布局研究［D］．长沙：中南大学硕士论文，2008.

[66] 张莉丽．选址问题及其模型与算法研究［D］．杭州：浙江大学理学院硕士论文，2006.

[67] 张一兵，范永耀，刘冬丽．汽车租赁［M］．北京：人民交通出版社，2009.

[68] 张玉军．我国重点城市汽车租赁发展战略研究［D］．石家庄：河北工业大学，2006.

[69] 张哲辉．快递企业国内网点布局研究［D］．大连：大连海事大学硕士论文，2005.

[70] 朱辉金．汽车营销百事通［M］．北京：电子工业出版社，2008.

为履行好指导汽车租赁业管理的职责，指导地方交通运输主管部门加强汽车租赁管理，促进汽车租赁业健康、规范发展，交通运输部道路运输司组织交通运输部公路科学研究院等单位，系统收集了国内外汽车租赁业发展历程、发展趋势、经营模式、业务流程、成本价格、信息化技术等方面的资料，通过系统梳理和深入分析，组织编写了《汽车租赁概论》一书，以期通过普及汽车租赁业知识，明确汽车租赁业发展目标，统一思想认识，推进汽车租赁业健康发展。

在本书编写过程中，交通运输部公路科学研究院投入大量人力、物力、财力，在资料收集、书稿撰写、专家论证、文稿审核等方面做了大量技术支撑工作，为高质量完成书稿作出了积极贡献。中国道路运输协会、交通运输部科学研究院、安徽省公路运输管理局、北京神州汽车租赁有限公司、北京通利达汽车租赁有限责任公司、一嗨汽车租赁有限公司、广州瑞卡租车股份有限公司、深圳市至尊汽车租赁有限公司等单位提供了汽车租赁业方面的资料，对完善书稿提出了宝贵意见。人民交通出版社为本书的编辑出版做出了大量细致的工作。在此，对各有关单位的大力支持、对全体参编人员的辛勤工作表示衷心感谢。

交通运输部道路运输司
二〇一二年三月